Selma Noort

Das kleine Haus am Fluss

Selma Noort

Das kleine Haus am Fluss

Aus dem Niederländischen von Andrea Kluitmann

Mit Bildern von Felicitas Horstschäfer

GERSTENBERG

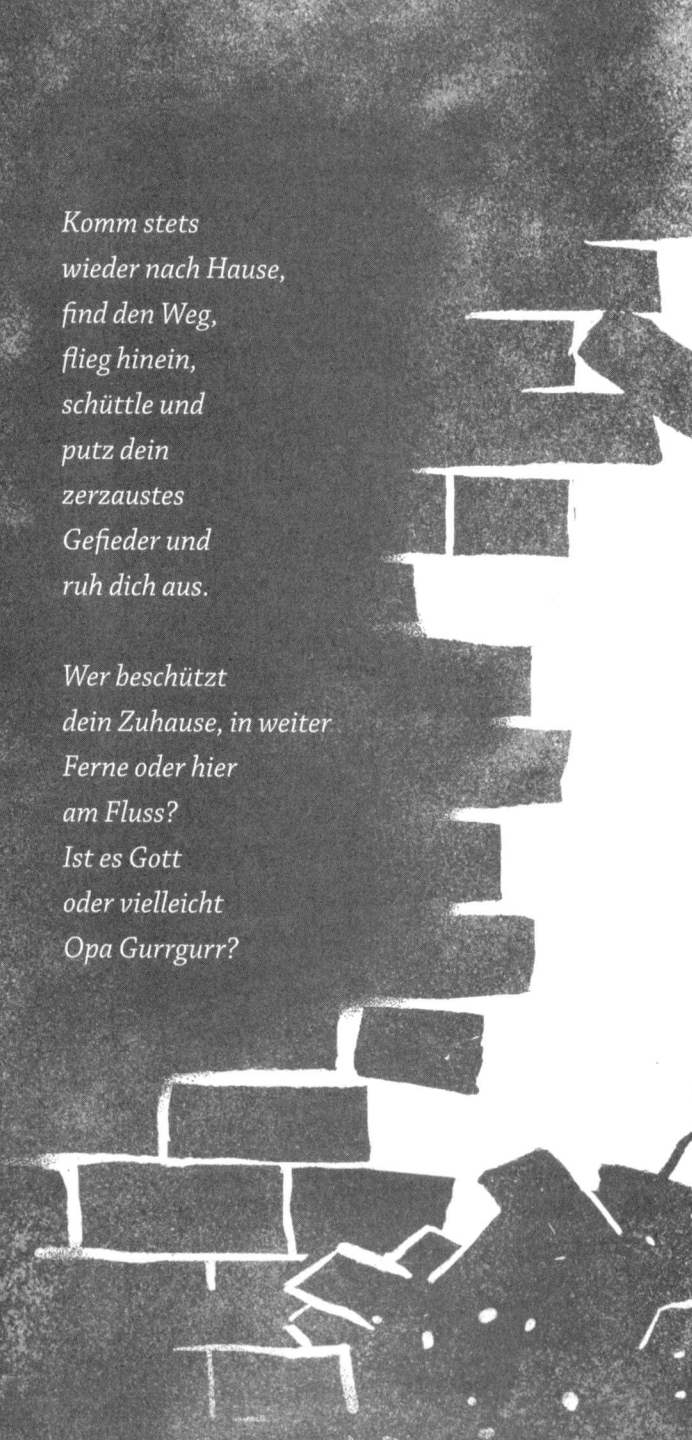

*Komm stets
wieder nach Hause,
find den Weg,
flieg hinein,
schüttle und
putz dein
zerzaustes
Gefieder und
ruh dich aus.*

*Wer beschützt
dein Zuhause, in weiter
Ferne oder hier
am Fluss?
Ist es Gott
oder vielleicht
Opa Gurrgurr?*

Was geschah,
obwohl sich alle so viel Mühe gegeben hatten,
genau das NICHT geschehen zu lassen ...

Juss hörte Zazas Schreie. Sand brannte in seinen Augen. Oder so was Ähnliches. Sein Mund war auch voll Sand. Oder so was Ähnlichem.

Walter schrie. »JUSS!«

Und Zaza: »Juss! Jus-sef!«

Und dann Walter wieder: »Bleib ganz still liegen!«

Juss konnte sich nicht mal bewegen.

Er hörte, wie Zaza Walter etwas zuschrie. Es klang weit weg. Bestimmt war in seinen Ohren auch Sand. Oder so was Ähnliches.

Dann hörte er Zazas Stimme wieder ganz nah, zittrig und ganz komisch piepsig. »Juss, mein Kleiner, wir sind hier. Mama und Papa sind da. Kannst du mich hören? Bitte, bitte, gib uns ein Zeichen!«

Juss' Mund war voller Schutt. Er konnte nichts sagen.

Er traute sich nicht, etwas zu sagen, und er traute sich nicht, zu weinen. Er traute sich nicht, zu schlucken. Er traute sich nicht einmal, zu atmen.

Er sollte nicht so viel Angst haben. Er musste tapfer sein.

Er musste still liegen bleiben, ganz still. Wie Walter es sagte.

Zaza weinte. »Er hört mich nicht.«

Walter brüllte wie ein Löwe.

Er brüllte, wie er noch nie zuvor gebrüllt hatte.

Juss wurde von einer schweren Last befreit und dann war da Licht.

Juss sah Walter mit Blut im Gesicht und an den Händen.

Er sah Zaza mit offenen Haaren.

»Juss!« Sie fiel auf die Knie und beugte sich vor, um sein Gesicht abzuwischen. Sie reichte nur knapp an ihn heran.

Er konnte sich noch immer nicht bewegen. Sein Mund war voller Schutt.

Er bekam keine Luft mehr.

»Wasser!«, schrie Zaza. »Wasser!«

Ja. Mama würde ihm Wasser geben und dann spuckte er alles aus. Das hier war bald vorbei. Wie der Winter, Geburtstag haben und die mit Sand beladenen Frachtschiffe auf dem Fluss.

So war es doch, oder?

Er hörte Gepolter und das Geräusch fallender Steine.

Ganz kurz musste er wohl eingenickt sein. Da goss Zaza ihm wieder Wasser übers Gesicht und er schaute wieder auf.

Dann war das Wasser alle.

Walter kam mit der Kaffeekanne und einer Tasse zurück. Seine Hände zitterten, als er sie Zaza reichte.

Zaza spülte Juss' Augen noch einmal aus. Und seinen Mund.

Ausspülen, spucken. Ausspülen, spucken.

Einfach so in sein Bett spucken.

Bett?

Juss sah kein Bett mehr. Er sah sich selbst nicht mehr. Überall lagen Glasscherben und Mauerbrocken. Und wie seltsam ... er spürte Wind. Kühler Wind strich ihm über die Wangen.

Er musste husten. Das ging nicht. Wenn er husten musste, würde er ersticken.

Wasser, mehr Wasser. Da war Walter wieder.

Walter weinte Wasser, Tränen in die Tasse.

Wasser, mehr Wasser.

Es gab keine Mauer mehr.

Da war ein Lastwagen. Am Spiegel hing ein Fähnchen. In dem Lastwagen saß ein Mann mit verrutschter Brille und Blut im Gesicht. Er bewegte sich nicht.

Wasser, mehr Wasser.

Das Geräusch von Martinshörnern, die immer näher kamen.

»Da ist die Feuerwehr schon, Juss, hörst du?«, sagte Walter.

»Alles wird gut. Alles wird wieder gut!«

Juss hörte die Feuerwehr. Brannte es hier denn?

Der verletzte Mann im Lastwagen öffnete die Augen.

Er sah Juss an.

Juss flüsterte: »Mama, der Mann da schaut mich an ...«

Eine große Familie in fünf kleinen Häusern

Walter und Zaza, das war Liebe auf den ersten Blick.

Walter reparierte im *Haus der Zukunft* Wasserhähne, verlegte Steckdosen und hängte Lampen auf.

Zaza war aus einem Land geflüchtet, in dem Krieg war, und lernte Niederländisch im *Haus der Zukunft*.

Juss war in ihrem Bauch und konnte Walter darum noch nicht sehen, aber Zaza meinte, Walter hätte damals auch schon überall Haare gehabt. Er sah aus wie ein Löwe.

Sonnengebleichte Locken kringelten sich um sein Gesicht, ein braun gebranntes Gesicht, aus dem überall weiße Stoppeln ragten. Aus seinen Ohren, seinem Kinn und seinen Wangen. Und auch auf seinen Armen, seiner Brust, seinem Rücken und seinen Beinen wuchsen goldblonde Härchen.

Im *Haus der Zukunft* schaute Zaza ihn immer an, als sähe sie einen Löwen. Das fiel ihm schon bald auf. Er fing an, sie zu necken: »Bis morgen, Schönheit. Ich bin leider fertig für heute. Sag doch mal Tschüsschen!«

»Küsschen«, sagte Zaza und da verliebten sie sich so sehr, dass es kein Zurück mehr gab.

Sie heirateten und Zaza zog zu Walter in sein kleines Haus am Fluss und fuhr ihm jeden Tag durch die Wuschelmähne.

Als Juss geboren wurde, bekam er den Namen von Zazas Opa: Jussef. Und Walters Nachnamen: Van Rijn.

Jussef van Rijn.

Walter wurde Juss' einziger, echter, hitzköpfiger, starker und allerbester Vater. Walter liebte Zaza und Juss so sehr, dass er ihr Häuschen hochgehoben und an einem sicheren Ort wieder hingestellt hätte. Wenn er es gekonnt hätte.

Zaza war zu Walter in das erste der fünf Häuschen am Fluss gezogen. Das kleine Haus, das zwischen der Deichstraße und dem Radweg wie eingeklemmt stand.

Dort bekam sie eine komplette neue Familie geschenkt. Die Familie van Rijn. Als Juss geboren wurde, gab es immer jemanden, der auf ihn aufpassen wollte.

Neben Juss wohnte Walters Bruder, Onkel Jordan, mit Tante Fien und Juss' Cousinen Isabel und Amber.

Juss und Amber waren fast gleich alt und spielten immer zusammen. Leider gingen sie nicht in dieselbe Schule, weil Walter an nichts mehr glaubte. Sein Bruder Jordan aber war immer noch katholisch, so wie Oma Mu ihn erzogen hatte.

Isabel war schon vierzehn und wollte nie mitspielen, bei nichts. Wenn sie Amber und Jussef ansah, bekamen die beiden das Gefühl, für sie so etwas zu sein wie spitze Steinchen in ihren Schuhen.

Im Winter lag Isabel drinnen auf dem Sofa und schrieb

mit ihren Schulfreundinnen. Im Sommer lag sie mit ihrem Handy draußen auf dem Steg am glitzernden Fluss. Isabel war zu groß und zu zickig zum Spielen.

Im Haus neben Onkel Jordan wohnte Oma Mu. Sie heiratete einen Mann, der zufällig auch van Rijn hieß wie sie selbst. Der starb, als sie noch jung war, also musste Oma Walter und Jordan allein großziehen. Das war nicht einfach, weil die Brüder aufbrausende Hitzköpfe waren. Drinnen hocken, in der Schule, das gefiel ihnen überhaupt nicht.

Zu Omas großer Erleichterung wurde aber doch noch was aus ihnen, den Sprücheklopfern mit den langen Locken und funkelnden Augen. Das lag vor allem daran, dass sie beide zwei rechte Hände hatten – sie konnten unheimlich gut bauen, reparieren und tüfteln.

Walter und Jordan bauten ihre Häuschen aus. Da ein Stückchen Küche hinzu. Dort ein Dachfenster hinein. Davor eine Stiefelecke. Ein Schutzdach dazwischen. Und daneben einen Schuppen.

Sie blieben zusammen und bei den anderen, weil sie sich und einander etwas versprochen hatten. Etwas Wichtiges.

Wir kümmern uns um Mu.

Und wir kümmern uns um einander.

Was immer auch geschieht.

Im vierten Häuschen wohnte Onkel Arie mit Tante Eva. Zu ihrem Häuschen gehörte ein Garten voller Obst und Gemüse.

Und schließlich war da noch Opa Gurrgurr, der in dem früheren Familienhaus ganz am Ende wohnte. Eigentlich hieß er Chris, aber fast keiner nannte ihn so.

Sein ganzes Leben lang hatte sich Opa Gurrgurr nie in jemanden verliebt und niemand verliebte sich in ihn.

Oma Mu fand, dass er ein Schmutzfink war, weil er das Haus, in dem sie aufgewachsen war, nie sauber machte.

»Früher, als ich ein Mädchen war, als wir dort noch mit unseren Eltern lebten ...«, erzählte sie Juss und Amber oft – und dann schaute sie gleichzeitig wütend und traurig –, »früher war das Haus wie aus dem Ei gepellt und wir auch, obwohl wir elf Kinder waren und nur wenig Geld hatten. Chris war ein gut erzogener Junge. Aber jetzt hat dieser Kindskopf einen Schweinestall daraus gemacht mit seinen Tauben und Hühnern!«

Und dann machte sie das Kreuzzeichen, weil sie hässlich über ihren Bruder sprach und das gehörte sich nicht für eine gute Katholikin.

Jeden Abend brachte Zaza oder Tante Fien eine warme Mahlzeit zu Opa Gurrgurr. Oft gingen Juss und Amber mit und warteten bei den Hühnern im Garten.

Jeden Morgen brachte Onkel Arie ihm eine Kanne Kaffee und Käsebrote.

Und jeden Freitagnachmittag sahen Juss und Amber, wie Oma Mu Opa Gurrgurr quer durch den Garten in ihr eigenes blitzsauberes Haus schleifte.

Dort steckte sie seine Kleidung in die Waschmaschine und ihn selbst in die Badewanne. Das Kippfenster im Badezimmer riss sie sperrangelweit auf, um möglichst viel frische

Luft hineinzulassen. Eigentlich war die Wascherei auch ein wenig gemein, aber trotzdem mussten Juss und Amber darüber lachen, weil Opa sich immer mit Händen und Füßen wehrte.

»Ich will nicht, ich will nicht! Ich will nach Hause, zu meinen Gurrgurrs. Lass mich in Ruhe!«

»Halt still oder ich gurrgurr dir auch mal was!«, drohte Oma Mu. Und danach sagte sie jedes Mal: »Nur gut, dass Pa und Ma das hier nicht mehr erleben müssen. Sie würden sich im Grab umdrehen.«

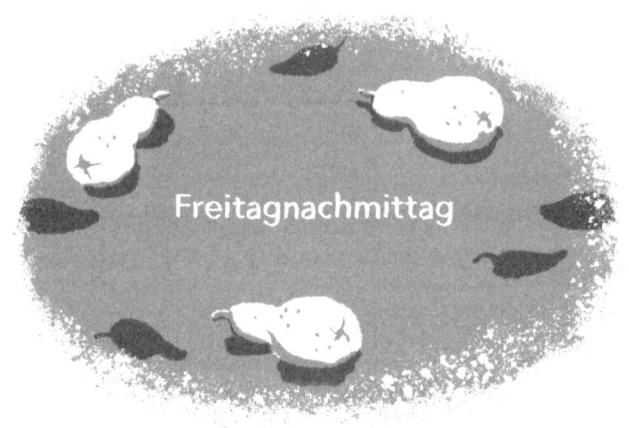

Freitagnachmittag

Juss und Amber hörten Oma Mu mal wieder beim Freitag-nachmittag-Schimpfen zu. Sie kletterten in den Birnbaum vorm Haus und versuchten, durch das Badezimmerfenster hineinzuschauen.

Zaza und Walter saßen draußen und tranken Kaffee. Sie winkten, wenn ein Schiffer vorbeifuhr, den sie kannten. Die Schiffer winkten zurück.

Vom Birnbaum aus konnten Juss und Amber viel sehen.

Amber spähte in Omas Haus, aber Juss schaute über den Fluss hinweg zum anderen Ufer. Dort stand ein alter, herun-tergekommener Bauernhof. Auf einem breiten Fassaden-stein stand sein Name: *Seltenruh*.

Juss sah, wie sich die Seitentür von *Seltenruh* öffnete wie jeden Tag gegen vier Uhr, außer sonntags oder wenn es fror. Er sah, wie Frau Bakker in ihrem dunkelblauen Badeanzug hinauf zur Straße ging.

Die alte Bäuerin hatte kalkweiße Beine. Auf ihrem Kopf thronte eine mit verblichenen Plastikblumen besetzte Badekappe und über der Schulter trug sie eine ziemlich lange Aluminiumleiter.

Autofahrer, Bus- und Lastwagenfahrer bremsten vor Schreck, sobald sie mit dem glänzenden Ding am Straßenrand auftauchte, um die Straße zu überqueren.

Sie schaute nicht nach links und sie schaute nicht nach rechts. Sie schaute immer geradeaus zum Fluss.

Sobald sie neben dem Radweg im Gras am Flussufer stand, schüttelte sie sich die Badelatschen von den Füßen und ließ die Leiter hinab ins Wasser.

Dann stieg sie in aller Ruhe in den Fluss.

Von einem Ufer zum anderen schwamm sie geruhsam sechs Bahnen.

Wenn ein Schiff vorbeifuhr, hielt sie mit den Füßen paddelnd inne. Manche Schiffer kannten sie, winkten und riefen ihr einen Gruß zu. Manche jungen Schiffer kannten sie nicht und schrien, sie solle gefälligst aus der Flussmitte verschwinden. Das sei gefährlich, was sie da machte. Sie könne vom Sog ihrer Schiffe mitgerissen werden.

Onkel Arie und Oma Mu kannten Frau Bakker gut. Sie sagten, sie würde schon ihr ganzes Leben lang gegen vier Uhr nachmittags ihre Bahnen ziehen. Sie hatte damit angefangen, als sie ungefähr fünfzehn war, als ihre Eltern noch Bauern waren auf *Seltenruh*.

Wenn Oma Mu nicht gerade Opa Gurrgurr in die Badewanne steckte, ging sie zum Ufer und hielt einen Schwatz mit der Nachbarin. War Oma Mu beschäftigt, übernahm jemand anders aus der Familie van Rijn das. Schließlich konnte man eine alte Frau, die im Fluss hin und her schwamm, nicht ohne einen Plausch zurück in ihren windschiefen Bauernhof gehen lassen.

Juss und Amber sahen, wie die alte Bäuerin allmählich näher kam.

»Hallo, Frau Bakker!«, rief Juss.

»Wie geht es Ihnen heute?«, frage Amber.

»Ich kann euch zwar hören, aber nicht sehen«, antwortete Frau Bakker im Wasser.

Sie tickte das Ufer an wie eine echte Wettkampfschwimmerin und wendete dann umständlich.

»Wir sitzen im Birnbaum!«, rief Juss.

Sie schauten, wie Frau Bakker wieder ans andere Ufer schwamm, wendete und zurückkehrte.

»Mir geht's gut. Und euch?«, fragte sie, als sie sich wieder näherte, und sie schaute hinauf zum Baum.

»Uns geht's auch gut und Oma auch. Sie kann gerade nicht rauskommen, weil sie Opa Gurrgurr in die Wanne steckt!«, rief Juss.

»Dann grüßt eure Oma doch bitte von mir!«

»Machen wir!«, versprach Amber.

Die alte Bäuerin schwamm wieder weg.

Oben, im Badezimmer von Oma Mu, brüllte Opa Gurrgurr: »Nicht die Haare! Nicht meine Haare waschen!«

Man hörte Geplätscher und Geplantsche. Kurz darauf schrie Opa Gurrgurr: »Du ertränkst mich! Du ertränkst mich!«

Da schlenderte Walter herbei. »Und, seht ihr was?«

»Frau Bakker, die hin und her schwimmt«, sagte Juss.

»Opa Gurrgurrs Kopf mit Schaumkrönchen«, sagte Amber.

»Sind die Birnen schon reif?«, wollte Walter wissen.

»Nein, natürlich nicht. Die sind noch winzig. Der Sommer hat doch gerade erst angefangen«, antwortete Amber.

»Wirf mir mal eine zu«, bat Walter. »Mal sehen, ob da noch keine Würmer drin sind.«

Juss pflückte eine Birne ab und tat, als würde er sie werfen.

Walter griff ins Nichts und da warf Juss ihm die Birne schnell an den Kopf.

»Aua! Na warte nur, du!«

Walter ging zum Baum und rüttelte wild an dem Stamm. Ein paar Birnen fielen hinunter. Juss und Amber hielten sich fest und lachten ihn aus. Sie fielen nicht.

Walter ließ von dem Baum ab. Alle Fältchen in seinem braun gebrannten Gesicht lachten mit seinen Augen um die Wette.

Er breitete die Arme aus. »Spring!«

Juss sprang. Walter fing ihn auf und setzte ihn auf dem Boden ab. Amber sprang. Walter fing auch sie auf.

Sie gingen zu dem Häuschen, vor dem Zaza noch auf der Bank saß. Ein Stückchen weiter lag Isabel mit ihrem Handy auf dem Steg. Sie schaute nicht auf.

Plötzlich setzte sich Walter in Bewegung. »Isabel hat Lust, zu schwimmen, das seh ich doch!«

Er stürmte auf den Steg, hob Isabel hoch und schwenkte sie über das glitzernde Wasser, als wollte er sie hineinwerfen.

»AAAH! Lass das! Lass mich los, du Blödmann! Mein

Handy! Mein Handy wäre fast ins Wasser gefallen!« Isabel fuchtelte wild mit Armen und Beinen. Walter stellte sie auf die Füße und ging zurück zu Juss und Amber und zwinkerte ihnen zu.

Hinter ihm rief Isabel wütend in ihr Handy:»Nein, hier gibt es keine anderen Jungs! Das war bloß mein blöder Onkel, der sich für unheimlich witzig hält!«

Gegenüber kletterte die alte Bäuerin ganz langsam die Leiter hinauf. Als sie im Gras stand, zwängte sie ihre molligen weißen Füße in die Badelatschen, zog die Leiter aus dem Fluss, legte sie sich über die Schulter und überquerte triefnass die Straße zum Bauernhof *Seltenruh*.

Durchs Badezimmerfenster hörte man Oma Mus Stimme: »Finger weg von dem Handtuch! Wasch dir gefälligst den Hintern, verdammt noch mal! Und ich sehe da auch noch Dreck zwischen deinen Zehen!«

Durst

Juss rettete jemandem das Leben. Einem Mann. Er machte das nicht ganz allein, Amber half ihm. Aber wenn er nicht aufgepasst und sie gerufen hätte, wäre der Mann womöglich ertrunken.

Walter und Zaza waren mit Onkel Jordan und Tante Fien auf einem Sommerfest. Darum übernachtete Isabel bei einer Freundin und Amber auf ihrer Luftmatratze bei Juss.

Es war so eine schwüle Nacht, in der alle unruhig schliefen. So eine Nacht, in der einen das Summen der Mücken bei weit offenen Fenstern, durch die Einbrecher einsteigen konnten, nicht zur Ruhe kommen ließ.

Bevor Juss und Amber einschliefen, lagen sie darum lange wach im Bett, schwatzten und dachten sich Rätsel aus.

Als Juss endlich eingeschlafen war, wachte er mitten in der Nacht wieder auf, weil Amber plötzlich total laut sagte:

»Juss! Ich habe Durst. Du auch?«

»Ich hole Wasser«, sagte er. Gähnend ging er am Schlafzimmer von Walter und Zaza vorbei. Die Tür stand offen und das Bett war ordentlich gemacht. Sie waren noch nicht zu Hause. Im Dunkeln ging er die Treppe hinunter zur Küche. Dort nahm er einen Becher und schaute durchs Fenster zum Steg, auf dem zwei Enten schliefen. Das Ruderboot, das dort festgebunden lag, schaukelte auf dem Wasser, in dem sich ein milchiger runder Mond spiegelte.

Zwischen dem Fluss und der Reihe mit den fünf Häuschen schlängelte sich der Radweg wie ein Wurm aus dunklem Asphalt an den Birnbäumen entlang. Den ganzen Tag kamen Radfahrer vorbei. Im Sommer und im Winter. Bei Regen und Sturm. Mit Rückenwind und Gegenwind.

Morgens vor Schulanfang radelten viele Kinder vorbei und nach Schulschluss wieder.

Aber jetzt fuhr dort niemand entlang.

Oder doch.

In der Ferne näherte sich ein schwankendes Fahrradlämpchen.

Juss stellte sich auf die Zehenspitzen und stützte sich auf die Anrichte, um rausschauen zu können.

Er hörte jemanden singen. Oder, na ja, lallen. Singen, wie es die Männer manchmal taten, die aus der Kneipe *Zur windigen Ecke* kamen, hinten im Dorf an der Brücke.

Schnapsdrosseln, so nannten sie alle in der Familie nur.

Juss und Amber hatten die Geschichten auch gehört: wie Onkel Walter schon zweimal nachts eine Schnapsdrossel aus dem Fluss gerettet hatte. Und Onkel Arie tagsüber einmal erst eine Frau und dann ihren kleinen Hund, der in einem Körbchen hinten auf dem Gepäckträger gesessen hatte.

Tante Eva hatte die außergewöhnlichste Geschichte: An einem heißen Sommertag musste sie einmal einem Amerikaner mit Rucksack aus dem Fluss helfen. Der war nicht betrunken, sondern dachte, er könnte auf der Entengrütze gehen.

Aber Oma Mu war die beste Menschenretterin von allen. Sie hatte so oft jemanden aus dem Fluss gefischt, dass sie es gar nicht mehr zählen konnte, behauptete sie.

Es lag nicht daran, dass all diese Leute nicht schwimmen konnten. Die meisten konnten das durchaus. Aber mit ihren Sachen am Leibe hielten sie nicht lange durch. Und im Winter schon mal gar nicht, wenn das Wasser eiskalt war.

Das Problem war vor allem, dass sie nicht aus dem Wasser klettern konnten. Das Ufer war zu hoch. Darum mussten sie gerettet werden.

Juss hatte noch nie jemanden ins Wasser fallen hören. Er schlief zu fest und hinten im Haus.

Aber jetzt stand er mitten in der Nacht in der Küche und die lag an der Flussseite des Hauses. Er konnte den Radweg sehen und die Gestalt eines Mannes auf dem Fahrrad mit dem Licht.

Juss wusste, was der Mann im Dunkeln nicht sehen konnte. Dass die Wurzeln der Birnbäume den Asphalt des Radweges nach oben gedrückt hatten und breite Risse voller Gras darin entstanden waren.

Er wusste, dass Radfahrer tagsüber ihre Lenker extra gut festhielten, bis sie, *hoppel, hoppel, hoppel*, über die Wurzeln gefahren waren.

»Pass auf!«, sagte er.

Aber das konnte der Mann natürlich nicht hören.

Und da passierte es auch schon.

Hoppel, hoppel, hoppel, ein Schrei und ein mächtiger Plumps.

Der Mond im Fluss zerbrach in tausend Teilchen.

»Amber! AMBER!«

Juss rannte schon nach draußen, zu dem Schutzdach, unter dem Oma Mu immer ihre Wäsche aufhängte. Dort lag die Holzleiter. In diesem Moment war er bärenstark. Bärenstark, weil er musste.

Es ging um ein Menschenleben!

Er zerrte schon an der Leiter, als Amber rausgerannt kam, auch barfuß und in Unterhosen, genau wie er. Sie fragte nichts. Sie hatte schon alles verstanden.

Gemeinsam schleiften sie die Leiter über das Gras, an dem Fahrrad vorbei, dessen Vorderrad sich noch in der Luft drehte.

Dort, wo der Radfahrer verschwunden war, strudelte das Wasser.

Eine Hand tauchte auf und dann, mit einer Menge Getöse und Prusten, ein tropfnasser Kopf.

Sie schoben die Leiter über den Rand des Stegs und ganz von selbst rutschte sie in die Tiefe.

»Hierher!«, schrie Juss. »Sie müssen hierherschwimmen!«

Der Mann schnaubte und spuckte Wasser wie ein Wal. Wie jemand, der überhaupt nicht schwimmen konnte, paddelte er zu der Leiter. Es dauerte eine ganze Weile, bis er hinaufkletterte. Er war zu müde, um selbst aus dem Fluss zu kommen. Juss und Amber mussten ihn an seinen nassen Sachen herausziehen.

Der Mann blieb erst mal keuchend sitzen. Dann rappelte er sich mühsam auf und sagte:»Danköschün.«

Mit seiner patschnassen Hand tätschelte er Juss und Amber den Kopf und sagte noch ein paar Sachen, aber die verstanden sie nicht, weil er in einer anderen Sprache redete.

Dann wankte er zurück zu seinem Rad und stieg wieder auf, nass, wie er war. Der Lenker war ziemlich krumm, aber er radelte trotzdem weg, ohne ihn erst zu richten.

Über den Radweg verteilt lagen überall rote Plastikstückchen von seinem Reflektor. Im Gras entdeckten sie seine Fahrradlampe. Sie brannte nicht mehr.

»Wir fegen das morgen auf«, sagte Juss.»Ich weiß nicht, wo der Besen steht. Bei Oma oder vielleicht bei Onkel Arie.«

»Und Papa soll die Leiter aus dem Wasser ziehen«, sagte Amber.

Sie gingen ins Haus. Sie traten ihre nassen Füße an der Fußmatte ab. Sie tranken Wasser in der Küche und gingen nach oben.

Amber kroch zu Juss ins Bett und das war jetzt nicht so schlimm, weil es allmählich kühler wurde. Sie zogen das Bettlaken über sich.

Die Fenster standen noch weit offen und eine Mücke summte irgendwo bei ihren Ohren, aber sie hörten nichts mehr.

Beleidigt

Juss wachte erst auf, als Oma ihren Teppich über die Wäscheleine hängte und mit ihrem Teppichklopfer darauf ein-
drosch.

Die Sonne schien ins Zimmer.

Walter, Zaza, Onkel Jordan und Tante Fien waren längst
wieder zu Hause. Sie waren irgendwann in der Nacht schlafen gegangen und inzwischen wieder aufgestanden. Der
Milchwagen war längst vorbeigefahren, um die Milch von
Bauer Marias Kühen abzuholen, und die ersten Leute waren
schon auf dem Weg zur Dorfkirche vorbeigeradelt.

Amber sagte, die Nase fast an Juss' Nase: »Wir haben gestern einer Schnapsdrossel das Leben gerettet.« Und da fiel
Juss alles wieder ein und er musste lachen.

Er roch Kaffee und er hörte alle wachen Geräusche: eine
muhende Kuh, ein Bötchen, das vorbeituckerte, das Gurren
von Opa Gurrgurrs Tauben und vertraute Stimmen unten in
der Küche.

Sie sprangen aus dem Bett und rannten die Treppe hinunter. Jetzt konnten sie es erzählen! Allen erzählen! Sie hatten einem Mann das Leben gerettet!

Aber Zaza blickte zur Seite und Walter schaute wütend.

Onkel Jordan und Tante Fien waren da und sie schauten auch nicht gerade fröhlich.

Durch das Fenster sah Juss Isabel auf dem Steg. Sie schaute von ihrem Handy auf, sah ihn und grinste. Mit ihrer freien Hand machte sie eine Halsabschneider-Geste.

Ui. Das bedeutete »Strafe« oder »alle sind wütend« oder so etwas.

Aber was hatten sie denn getan?

Walter donnerte los: »Wir hatten eine Abmachung und ihr habt euch nicht daran gehalten.«

Und Onkel Jordan sagte: »Wer nicht hören will, muss eben fühlen. Also eine Woche lang nicht schwimmen und nicht zusammen spielen. Amber, ab nach Hause.«

Amber blieb stehen und schaute zu Juss. Juss war blass geworden und vergaß zu atmen, aber trotzdem fragte er:

»Warum?«

»Weil ihr euch nicht an unsere Abmachung gehalten habt, darum!« Onkel Jordan richtete sich halb auf.

»Nach etwas fragen, was man schon weiß, das ist scheinheilig!« Walter erhob die Stimme. »Kindern, die sich nicht an ihre Versprechen halten, kann man nicht vertrauen.«

So. So was zu seinen Kindern zu sagen, das war hart. Man konnte wirklich sehen, dass Onkel Jordan und Walter Brüder waren. Sie schauten beide auf dieselbe Art, als könnte man von allen Menschen auf der Welt nur ihnen vertrauen. Als würden sie nie etwas falsch machen.

Sie fragten nicht einmal, was passiert war!

Sie glaubten, alles schon zu wissen. Natürlich dachten sie, dass Amber und Juss nachts schwimmen gegangen waren und die Leiter im Wasser vergessen hatten.

Juss richtete sich auf. Er reckte das Kinn in die Höhe und von ganz tief unten, wo er die Wörter dafür aufhob, wenn ihn jemand beleidigte, kam es aus ihm hervor.

»Dummkopf!« Das Wort knallte geradezu aus ihm heraus. Mitten in Walters Gesicht.

»Blödmänner!«, sagte Amber voller Verachtung.

Und das war noch gar nichts, denn sie kannten beide viel schlimmere Schimpfwörter.

Die Tischbeine schrammten quietschend über den Boden. Kaffee schwappte über die Tischplatte.

Juss griff nach Ambers Hand. Sie sprangen nach draußen und rannten und rannten. Barfuß und in Unterhosen, vorbei an Oma Mu und ihrem Teppichklopfer und vorbei an Onkel Arie, der vor dem Haus saß und »Holla, wo wollt ihr denn hin?« rief.

Unter den Birnbäumen hindurch.

Hinter den Brombeersträuchern entlang.

Über den Radweg.

Am Haus von Opa Gurrgurr vorbei, bis nach ganz hinten durch die Holunderbüsche hinter seinen Hühnerstall.

Weiter konnten sie nicht, denn dort führte der Weg im Bogen wieder zurück zum Fluss.

Zusammengekauert blieben sie zwischen den Brennnesseln hocken. Sie reckten die Hälse, spähten in die Ferne und lauschten, denn ihre Ohren hörten mehr, als ihre Augen sehen konnten. Aber es ertönten keine rennenden Schritte und keine wütenden Stimmen und keine Befehle.

Niemand rief plötzlich von ganz Nahem: »Kommt her! Und zwar sofort!«

»Die verdammten Brennnesseln piksen mir in den Hintern«, sagte Amber.

»Mir auch«, sagt Juss.

Sie stellten sich hin, gekrümmt wie alte Leute, und hielten sich gegenseitig fest. Ambers Beine waren von hinten rot gefleckt. Juss' Fußsohlen brannten und seine Beine waren genauso rot wie ihre.

»Das tut weh!« Amber stieß noch ein paar Schimpfwörter aus, um zu zeigen, dass sie wirklich vor niemandem Angst hatte, ganz bestimmt nicht vor ihren wütenden Vätern.

»Zwischen meinen Zehen ist Hühnerkacke und bei dir auch«, sagte Juss und dann bekamen sie einen Lachanfall. So leise wie möglich schnappten sie nach Luft. Sie hielten einander fest, um nicht umzufallen. Ihre Beine glühten und brannten, aber sie konnten nicht aufhören, zu lachen.

Opa Gurrgurrs Kopf tauchte hinter der Ecke des Hühnerstalls auf. Er lachte gleich mit, denn er mochte fröhliche Leute.

»Gurrgurr!«, sagte Juss zu ihm und da mussten sie noch lauter lachen.

Opa Gurrgurr mochte ein wenig seltsam sein, aber er hatte schon noch alle Tassen im Schrank.

»Kommt raus da«, sagte er, plötzlich genauso streng wie Oma Mu. »Ihr macht den Hühnern Angst und die Brennnesseln haben euch mächtig erwischt. Ihr Schafe. Ihr wisst doch, wie Brennnesseln aussehen?!«

Das Foto

Juss und Amber lagen auf dem Bauch auf Opa Gurrgurrs Tisch.

Demselben Tisch, an dem früher die ganze Familie mit den elf Kindern gesessen und gegessen hatte, als das Haus noch sauber war.

Damals, als Opa Gurrgurr noch ein kleiner Junge namens Chris war und Oma Mu noch von allen Greet genannt wurde. Opa Gurrgurr meckerte vor sich hin. Sie konnten ihn nicht verstehen.

Am Hühnerstall hatte er Wegerich gepflückt und die Blätter mit einem Messergriff geplättet, damit der Saft heraustrat. Damit bestrich er nun mit seinen groben Fingern, die ein wenig zitterten, die Rückseite ihrer roten Beine.

Auf dem kleinen Tisch in der Ecke stand noch ein alter Fernseher. Der Bildschirm war voller Taubendreck. Opas Lieblingstaube Beppie saß darauf und schaute leise gurrend zu Juss und Amber. Auf dem Kaminsims dösten zwei Hühner eng aneinandergekuschelt. Einer der Fensterrahmen hing schief. Efeu hatte sich ins Haus gewunden und kletterte an den Wänden empor.

»Ich gehe erst wieder nach Hause, wenn sie sich entschuldigen«, sagte Amber zu Juss.

»Ja, erst wenn sie sich entschuldigen«, fand auch Juss.

»Ich entschuldige mich«, sagte Opa Gurrgurr.

»Nein, nicht du, Opa«, sagten sie gleichzeitig.

»Walter«, erklärte Juss. »Der soll sich entschuldigen.«

»Und Papa«, sagte Amber.

»Sind sie frech gewesen?«, fragte Opa Gurrgurr. Seine Stimme schoss in die Höhe, wenn er nervös wurde. »Warum? Warum?«

Gurrgurr, sagte Beppie vom Fernseher aus.

Die Hühner auf dem Kaminsims hockten sich ein wenig anders hin und gackerten.

»Unsere Väter haben uns beleidigt«, erklärte Juss.

»Ja. Die sollten sich was schämen!«, sagte Amber.

Sie saßen auf dem Tisch und ließen die Beine baumeln. Opas Wegerich-Salbe half gegen das Brennen.

»Opa«, fragte Juss. »Das ist doch der Tisch von früher, als hier elf Kinder wohnten?«

Opa nickte. »Ja, genau der.«

»Ich verstehe da was nicht«, sagte Jus. »Hier sind nur vier Stühle. Wie konnten denn elf Kinder und zwei Erwachsene an diesem Tisch essen?«

Amber schaute ihn an, wie sie es immer tat, wenn sie ihn schlau fand. Das machte ihn froh.

»Ja, wie ging das denn?«, fragte sie.

»Ganz einfach.« Opa schob zwei Stühle an die Tischecken. Dann holte er ein Brett hinter der Küchentür hervor. Das legte er über die beiden Stühle.

»Und im Nu hatten wir eine Bank und es gab Platz genug für alle, sogar für die Katze«, sagte er.

Er ging zurück zur Küchentür und schaute wieder dahinter.

»Wir hatten zwei von diesen Brettern. Ich weiß nicht, wo das andere geblieben ist. Wo kann das nur sein?«

Er murmelte immer weiter. »Wo ist es denn bloß geblieben? Es ist weg …«

Sie mussten ihn ablenken, bevor er wieder so komisch wurde.

An der Wand, unter dem Kreuz mit Jesus daran, hingen lauter Schwarz-Weiß-Fotos. Sie hingen schief und waren verstaubt, aber man konnte noch sehen, was darauf war.

Ganz oben hing ein Foto von Opa Gurrgurrs Vater und seiner Mutter mit ihren elf Kindern unter den Birnbäumen.

Mit zusammengekniffenen Augen schauten sie alle in die Sonne. Die Kinder waren von groß nach klein aufgestellt. Die Jungs links, die Mädchen rechts.

Amber zeigte darauf. »Opa, wer von diesen Jungs bist du?«

Opa Gurrgurr ging zu dem Foto und stellte sich mit der Nase ganz nah vor das Glas.

»Dieser hier.« Er zeigte auf den zweiten kleinen Jungen.

»Und wer von den Mädchen ist Oma Mu?«, fragte Juss.

Opa Gurrgurr nahm das Foto von der Wand und setzte sich damit zwischen sie auf den Tisch. Er zeigte auf das größte Mädchen und zählte alle Namen auf, von groß nach klein.

»Das hier ist Greet – also eure Oma Mu. Und das ist unsere Elly, die hat Krebs bekommen und ist gestorben. Daneben steht Trees, sie ist Krankenschwester geworden. Lia und Hilde, die sind nach Kanada emigriert. Und die hier, mit den Segelohren, das ist Joke. Die kennt ihr gut, weil ihr da in den Ferien immer zu Besuch seid. Und das Baby hier, das ist Janneke. Die wohnt jetzt am anderen Flussufer, da an der Windmühle. Die kennt ihr doch, oder? Sie ist oft bei Oma Mu und bringt dann immer Pfannkuchen für mich mit.«

Beim Gedanken an die Pfannkuchen schaute Opa Gurrgurr sehr froh.

Juss und Amber sahen sich an und grinsten. »Und die Jungs?«, wollte Juss wissen.

Opa Gurrgurr zeigte auf den ersten Jungen in der Reihe.

»Das ist mein Bruder Arie, der hier nebenan wohnt. Chris – also, das bin ich. Und … Jan. Und Frans. Den kennt ihr doch auch? Frans kommt immer auf dem Motorrad.«

Juss und Amber nickten. Sie hatten schon ein paar Mal ein Familientreffen erlebt und kannten die meisten Verwandten.

Diese Treffen waren immer ein großes Ereignis.

Alle fünf Häuschen machten Großeinkauf und Oma Mu sorgte dafür, dass Opa Gurrgurr anständig aussah. Juss und Amber durften Girlanden zwischen den Birnbäumen aufhängen und alle Klappstühle aufstellen. Dann trudelte der Rest der Verwandtschaft Auto um Auto ein, ein Onkel kam auf dem Trecker und ein paar kamen auf dem Motorrad oder Motorroller. Der Rest war mit dem Fahrrad da.

Erst küssten und umarmten sich alle.

Danach wurde geschwatzt und Limonade, Wein und Bier getrunken.

Danach wurde geklatscht, gekeift und man neckte sich.

Und dann machte man sich gegenseitig Vorwürfe und stritt sich.

Am Ende des Tages tat es allen leid, auch weil Oma Mu die ganze Zeit rief: »Wir müssen vergeben und vergessen.«

Wenn es zu dämmern anfing, gingen alle genau wie früher im Fluss schwimmen. Einige hatten Badesachen dabei, und wer die vergessen hatte, schwamm in Unterwäsche. Schließlich legten sich die meisten irgendwo, wo man ein wenig bequem liegen konnte, zum Schlafen hin.

Amber schaute zu dem kleinen Jungen auf dem Foto, der Jan hieß. Er hatte weiße Kringellocken und trug eine kurze Hose.

»Ist Jan jetzt dieser dicke Mann mit den roten Wangen, der auf den Familientreffen immer Lieder singt?«, fragte sie.

Konnte so ein kleiner Junge sich in einen so dicken alten Mann verwandeln?

Opa Gurrgurr legte das Foto auf seinen Schoß, seufzte tief und räusperte sich.

»Nein, Jan habt ihr nie gesehen«, sagte er. »Jan ist nie ein Mann geworden.«

Jannemann

Beppie flatterte vom Fernseher und setzte sich auf Opas Schulter. Erschrocken rückte Juss ein wenig von ihm ab. Draußen ertönten noch immer keine wütenden Stimmen.

Noch immer suchte niemand nach ihnen und die Beine taten ihnen schon fast nicht mehr weh.

»Ist Jan der kleine Bruder, der ertrunken ist?«, fragte Juss leise.

Onkel Arie hatte so was mal erzählt, aber er wollte nicht mehr darüber sagen.

Opa Gurrgurr nickte. Die weichen weißen Härchen auf seinem fast kahlen Kopf bewegten sich wie Taubenflaum. Eine dicke Träne rollte plötzlich über die Falten in seinem Gesicht zu seinem Mund.

Juss bekam einen Schrecken. Amber auch. Mit zitternden Lippen streichelte sie über Opas gebeugten Rücken. »Du brauchst nichts zu sagen, Opa.«

Aber Opa fing an zu erzählen.

»Sieben Jahre war er. Sieben Jahre erst. Wir nannten ihn

Jannemann. Er war zwei Jahre jünger als ich und wir schliefen zusammen in einem Bett. Er war mein Lieblingsbruder ...«

Amber und Juss sahen Opa Gurrgurr ein wenig ängstlich an. Das wurde eine traurige Geschichte, eine sehr traurige Geschichte. Opa Gurrgurr wischte sich die nasse Nase am Ärmel ab.

»Es war an einem Mittwoch. Ich half meinem Vater. Wir hatten eine Aalreuse unten im Bach aufgestellt und die leerten wir. Über den Radweg kam Bauer Rijneveld mit seinem Hund. Er ging zu seiner Schwester, bei der er zu Mittag aß, wie jeden Tag. Sein Hund trabte hinter ihm her.

Ein großer Schäferhund, der keiner Fliege etwas zuleide tat.

Aber Jan hatte Angst vor ihm, weil er mal von einem herumstreunenden Hund gebissen worden war, als er noch ganz klein war.«

Opa Gurrgurr unterbrach seine Geschichte.

»Wusstet ihr das?«

Juss und Amber schüttelten den Kopf.

»Jan saß im Gras und kaute auf einer Brotrinde, als ein streunender Hund vorbeikam und danach schnappte. Er erwischte die Rinde, aber auch Jan. Mein Bruder hatte danach eine Narbe in der Oberlippe und seitdem Todesangst vor Hunden.«

Amber schaute, als täte ihr etwas weh. »Aua!«

Opa Gurrgurr fuhr fort.

»Keiner weiß, was genau damals passiert ist. Keiner hat gesehen, wie unser Jan in den Fluss gefallen ist. Aber wir vermuten, dass er den Hund von Bauer Rijneveld zu spät gesehen hat. Er konnte nicht mehr in irgendein Haus rennen, wie er es sonst immer machte. Wir glauben, dass er in Panik zur Seite gesprungen und so ins Wasser gefallen ist.

Bauer Rijneveld ging immer ein Stück vor seinem Hund her und schaute nicht nach hinten. Das Tier folgte ihm treu, also warum sollte er?

Niemand hat Jan ins Wasser plumpsen hören.

Niemand hat ihn rufen hören ...

Vielleicht hat er nicht mal gerufen.«

»Und dann?«, fragte Juss leise.

»Und dann ... Und dann ...« Opa Gurrgurr schaute nervös um sich. Plötzlich stand er auf, hängte das Foto zurück an die Wand und nahm Beppie von seiner Schulter.

Er hielt die Taube mit beiden Händen umschlossen, führte sie bis knapp vor sein Gesicht und küsste, ganz sanft, ihren Schnabel.

»Ich geh zur Oma.« Ambers Mundwinkel zeigten nach unten. Sie sprang vom Tisch. Juss auch.

Opa Gurrgurr war schon nach draußen gelaufen. Beppie hatte sich auf seinen Kopf gesetzt und die anderen Tauben und seine Hühner scharrten ihm um die Füße, wo er Futter gestreut hatte.

»Tschüss, Opa«, sagten sie.

»Es ist lange her. Ja, ja. Nein, nein. Sehr lange her ...«

Opa Gurrgurrs Stimme klang wieder hoch und nervös und es war nicht klar, ob er mit Juss und Amber redete oder mit sich selbst.

Sie rannten zu Oma Mus Haus. Sie saß mit der Zeitung und einer Tasse Kaffee am Tisch vor dem Fenster. Als sie ihre Schritte hörte, schaute sie auf.

Amber zog den Fliegenvorhang auseinander und ging in die Küche.

»Oma!« Sie sprang zu Oma, kletterte auf ihren Schoß, als wäre sie noch vier Jahre alt, und versteckte ihr Gesicht an Omas Hals.

Das hätte Juss auch gewollt, aber auf Omas Schoß war kein Platz für zwei, also stellte er sich nur möglichst nah an sie.

»Was ist denn los?« Oma schaute zu Juss, weil sie Ambers Gesicht ja nicht sehen konnte.

»Wir sind von zu Hause weggelaufen und dann haben wir uns bei Opa Gurrgurr versteckt. Er ... Wir ... Er hat uns von Jan erzählt.«

Oma runzelte die Stirn.

»Er hat das nicht einfach so gemacht, wir haben ihn nach den Fotos gefragt«, fügte Juss schnell hinzu. »Und er hat nicht erzählt, wie es ausgegangen ist.«

»Wie es ausgegangen ist?« Oma Mu räusperte sich. »Manche Leute denken vielleicht, dass – wenn man zehn Geschwister hat – es nicht so schlimm ist, wenn ein Bruder oder eine Schwester stirbt. Weil man dann ja immer noch neun übrig hat.

Aber so fühlt sich das nicht an.

Jan war lieb und fröhlich. Er hatte so süße weiße Locken und Sommersprossen. Er schlief mit Chris, also Opa Gurrgurr, in einem Bett und sie gingen den langen Schulweg immer zusammen, bei Wind und Wetter. Jan lernte lesen, und wenn er irgendwo ein Wort sah, das er lesen konnte, machte er das laut und dann schaute er so stolz!

Und dann ertrank er.

Unser Jannemann war plötzlich nicht mehr da. Das war ... schrecklich.«

Oma holte ein paar Mal tief Luft. Amber hatte sich aufrecht hingesetzt, um sie anzuschauen.

»Jans Leben endete und wir lebten weiter. Wir haben ihn begraben. Wir waren alle furchtbar durcheinander. Irgendwo habe ich noch ein altes Schulheft von ihm, mit Schreibübungen.«

Omas Augen wurden feucht. Sie lächelte ein müdes Lächeln.

»Mehr gibt es da nicht zu erzählen, ihr beiden. Wir waren traurig. Wir dachten: ›Wenn wir doch nur ...‹ Und wir dachten: ›Hätten wir doch nur ...‹ Aber das hatte alles keinen Sinn. Es brachte Jan nicht zurück. Was vorbei ist, ist vorbei. Und was vorbei ist, kann nicht ungeschehen gemacht werden.«

Es tut mir leid

Mit dem Gartenschlauch spritzte Oma Mu den restlichen Wegerich und Hühnerdreck von Juss' und Ambers Beinen und fegte die Küche. Als sie sich gründlich abgetrocknet hatten und wieder ganz sauber waren, durften sie wieder reinkommen und das Mensch-ärgere-dich-nicht-Spiel aus dem Schrank holen.

Während Oma Tee und Marmeladenbrote machte, kamen Zaza und Tante Fien in die Küche.

Ein wenig verlegen schauten sie Juss und Amber an.

»Es sieht ganz danach aus, dass eure Kinder zu mir ziehen«, begrüßte Oma Mu sie nicht allzu freundlich. Mit einem Knall stellte sie die Teller mit den Broten vor Juss und Amber hin und stemmte die Hände kämpferisch in die Hüften.

Zaza und Tante Fien gaben keine Antwort.

»Amber«, bettelte Tante Fien.

Juss und Amber warfen einander einen kurzen Blick zu und schauten dann wieder auf ihre Teller und kauten auf ihren Broten.

»Jussef«, sagte Zaza leise. »Nicht wütend sein.«

»Wir sind beleidigt«, sagte Juss, weil Zaza so unglücklich schaute.

Oma Mu wandte sich wieder an Zaza und Tante Fien. »Ihr tut so, als wäre ich Luft, das merke ich schon. Trotzdem würde ich gern von euch hören, warum eure Kinder hungrig und in Unterwäsche hier in meiner Küche sitzen!«

Juss und Amber erzählten von der Schnapsdrossel, die in den Fluss geplumpst war. Wie sie die Leiter zum Steg geschleift und den Mann aus dem Fluss gezogen hatten. Dass er eine andere Sprache sprach und patschnass weggefahren war, obwohl sein Fahrradlenker noch ganz schief stand.

»Wenn ihr uns nicht glaubt, schaut mal auf den Radweg«, fügte Juss hinzu. »Da liegen noch die Reste von seinem Reflektor. Dann habt ihr einen Beweis.«

Zaza und Tante Fien brauchten keinen Beweis. Sie taten alles, um es wiedergutzumachen. Sie strichen Juss und Amber über die Haare. Sie versprachen Pommes mit Apfelmus und Eis mit Sahne. Sie sagten, wie großartig Juss und Amber waren und dass sie eine Medaille verdienten.

Oma Mu hörte sich alles kopfschüttelnd an und sagte nur säuerlich: »Grummpf!« Dann ging sie mit großen Schritten nach draußen, am Fenster vorbei und über den Radweg.

»Ui!«, sagte Zaza.

»Oje!«, sagte Tante Fien.

Oma Mu hätte Walter und Onkel Jordan am liebsten an den Ohren gezogen. Aber dafür waren sie doch wirklich zu alt und zu groß geworden. Sie zog sie also an den Armen mit sich und schob sie in ihre Küche.

Wie zwei ertappte Schuljungen standen Walter und Onkel Jordan da jetzt.

Amber und Juss schauten auf.

Ihre Väter hatten beide rote Gesichter und schauten sehr unglücklich. Fast hätte man Mitleid mit ihnen bekommen können.

Aber eben nur fast. Nicht wirklich.

»Was sollen wir sagen, Mu?«, fragte Onkel Jordan.

»Es tut uns leid, dass wir den Mund so voll genommen und uns nicht mal angehört haben, was ihr sagen wolltet.«

Oma Mu stand da, die Hände in die Hüften gestemmt, und hielt den Kopf schräg. Ihr Kinn zeigte in die Luft und ihr Mund war ein strenger Strich.

Unter dem Tisch drückte Juss seinen Fuß gegen Ambers Bein. Amber drückte zurück. Sie kauten an ihren letzten Bissen Brot und warteten und sie hatten kein Mitleid mit ihren Vätern.

»Himmel, Mu«, sagte Walter kleinlaut.

»Nix Himmel«, sagte Oma Mu. »Ihr habt doch immer so eine große Klappe, oder etwa nicht?«

Walter holte tief Luft. Er sagte nur ganz selten »tut mir leid« zu Zaza, und dann auch immer nur ganz leise und unglücklich.

»Es tut mir leid, ich hätte dich fragen sollen, was passiert ist, Juss«, murmelte er jetzt. Er hielt die Fäuste geballt, so schwer fiel es ihm, zuzugeben, dass er ungerecht gewesen war.

»Es tut mir leid, Amber. Ich hätte dir zuhören und dir vertrauen sollen«, murmelte Onkel Jordan.

»Ja, und du mir auch, Walter«, sagte Juss. Plötzlich stiegen ihm die Tränen in die Augen. Walter hatte ihm nicht vertraut!

»Du hast ja recht! Ich hätte dir vertrauen sollen!«, rief Walter, als er das sah, und er machte einen großen Schritt, hob Juss hoch und drückte ihn an sich.

»Ich hätte dir vertrauen sollen, Juss! Es tut mir so leid.«

An diesem Tag aßen sie Pommes mit Apfelmus und Eis mit Sahne. Eine Medaille bekamen sie nicht, weil der Bürgermeister nicht wusste, was geschehen war, und Isabel meinte, der würde entscheiden, wer eine Medaille bekäme.

»Aber jemand könnte dem Bürgermeister natürlich eine Mail schicken, um ihm zu erzählen, was passiert ist«, sagte sie.

»Ja, das ist eine gute Idee! Würdest du das für uns machen?«, fragte Amber.

»Auf gar keinen Fall!« Isabel schnaubte, nahm ihr Handy und fing an zu daddeln.

Oma Mu hatte keinen Computer und meinte, sie wüsste auch nicht, wie man eine E-Mail verschickt.

Zaza war sich nicht sicher, ob ihr Niederländisch gut genug war, um dem Bürgermeister eine Mail zu schreiben.

Onkel Jordan und Walter sagten, sie hätten beide eine Lese-Rechtschreib-Schwäche und würden sich schämen, weil sie so viele Fehler machten.

Tante Fien sagte ehrlich, sie hätte keine Lust, so etwas

Kompliziertes wem auch immer in einer Mail zu erklären.

»Vielleicht erzählt dieser Mann, den ihr gerettet habt, es dem Bürgermeister ja selbst«, sagte sie tröstend.

Juss zuckte die Achseln.

»Wohl kaum«, sagte er. »Weil der ja eine andere Sprache sprach.«

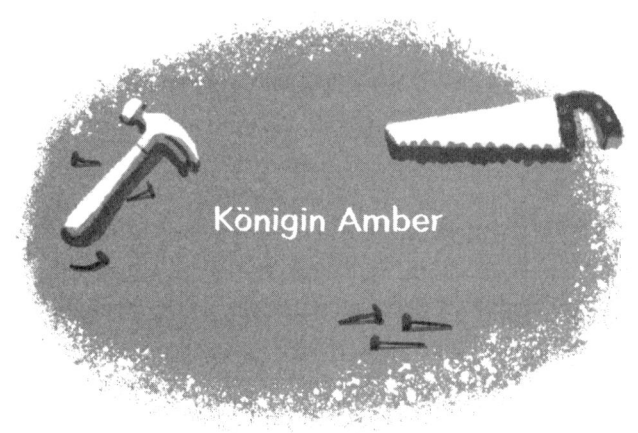

Königin Amber

Die Schulen hatten schon Sommerferien, aber die Bauarbeiter noch nicht.

Am ersten Ferien-Montag ertönte draußen gigantischer Lärm. Juss kniete sich auf sein Bett und schaute raus.

Große gelbe Fahrzeuge fuhren über den Deich hin und her und der Gestank von frischem, heißem Asphalt wehte ins Haus.

Er machte das Fenster zu, zog seine Shorts und ein T-Shirt an und rannte nach draußen.

Zaza stand vor dem Spiegel und steckte ihre Ohrringe an.

»Auf dem Deich sind große Maschinen!«, rief Juss ihr zu. Die Küchentür stand weit offen. Draußen machte sich Walter auf den Weg zu Onkel Jordan, um gemeinsam zu einem Auftrag zu fahren.

Er hörte Juss und drehte sich um. »Kuss!«

Juss rannte über den Rasen zu ihm und gab ihm einen Kuss. Walter gab ihm einen Piksekuss zurück. »Bis heute Abend, und behalte die Straßenarbeiter ein wenig im Auge, ja?«

Juss ging zurück ins Haus.

»Ich komme wie immer um vier Uhr nach Hause«, sagte Zaza. »Du kannst bei Oma Mu was essen, oder bei Onkel Arie und Tante Eva, oder dir selbst ein paar Brote schmieren. Du kannst auch zu Amber. Lass Opa Gurrgurr und Isabel in Ruhe. Und mach die Tür hinter dir zu. Wenn die Straßenarbeiter zur Toilette müssen, gehen sie eben zu Onkel Arie oder Oma Mu.«

Auch sie gab ihm einen Kuss. Danach schnappte sie sich ihre Handtasche, rannte zu dem kleinen Auto, in dem Tante Fien schon saß, und stieg neben ihr ein.

Zaza und Tante Fien arbeiteten zu denselben Zeiten in demselben Supermarkt und genau wie Walter und Onkel Jordan unternahmen sie fast alles zusammen.

Amber kam mit ihrem Frühstück auf einem Teller nach draußen.

»Ich komme zum Essen zu dir«, rief sie Juss zu.

Tante Fiens kleines Auto fuhr auf den Deich, auf die gelben Fahrzeuge zu. Ein Mann mit einer orangen Sicherheitsweste bedeutete ihnen, dass sie vorbeifahren durften.

Zaza winkte. Juss winkte zurück.

Amber stellte sich neben ihn.

»Was isst du?«

»Weiß ich noch nicht.« Juss rannte ins Haus. Zaza hatte eine Apfelsine für ihn gepellt und Müsli und eine Schale Joghurt hingestellt.

»Tauschen?« Amber zeigte ihm ihr Brot mit Teewurst.

»Sicher nicht.« Juss schüttete Müsli in den Joghurt und steckte sich eine Apfelsinenspalte in den Mund.

Amber verstand schon, dass er nicht tauschen wollte.

»Was machen wir heute?«, fragte sie.

»Den Bauarbeitern zusehen«, sagte Juss. »Wir müssen sie im Auge behalten, weil unsere Eltern zur Arbeit sind. Damit sie nicht einfach bei uns ins Haus gehen, um … auf unseren Toiletten Groß zu machen oder so!«

»Igitt!« Amber lachte laut, den Mund voll Teewurstbrot weit aufgesperrt. »Ich esse gerade!«

Von dem weichen, heißen Asphalt stieg Dampf auf.

Die Straßenarbeiter schwitzten in der Sonne.

Um halb elf sagte Oma Mu zu Juss und Amber, sie sollten den Männern Bescheid geben, dass sie im Schatten der Birnbäume Kaffee trinken konnten.

Juss und Amber rannten zur Gartenpforte von Omas Haus und schrien, dass Oma Kaffee für alle hatte.

Die Männer schalteten die Maschinen aus. Wie es sich gehörte, gingen sie um Omas Haus herum und atmeten durch, als sie sich am glitzernden Fluss im Schatten ausruhen konnten.

Amber und Juss durften Kaffee und Wasser einschenken und Kekse austeilen. Die Männer sagten alle Danke schön und nickten Oma zu.

Onkel Arie holte sich auch Kaffee und machte einen Schwatz.

»Kennen Sie mich noch?«, fragte der größte Bauarbeiter.

Sein Gesicht war von der Hitze ganz rot.

Onkel Arie sah ihn sich genauer an und fing dann an zu lachen. »Aber sicher!«, rief er. »Du bist Martin, oder? Dein

Vater und ich haben früher zusammen Fußball gespielt! Bestell ihm doch bitte viele Grüße.«

»Die richte ich gern aus«, sagte Martin lachend. Mit dem Arm machte er einen Halbkreis. »Wie schön ihr hier doch wohnt!«

Sofort ergriff Oma Mu ihre Chance.

»Ja, wir wohnen hier schön, aber die Straße über den Deich führt viel zu dicht am Haus von meinem Sohn Walter entlang«, sagte sie. »Jetzt, wo ihr eh gerade asphaltiert – könntet ihr das Stück zwischen seinem Haus und der Straße nicht auslassen, damit wir da einen stabilen Zaun oder so was aufstellen können?«

Die Männer sahen sich an. »Das geht leider nicht«, sagte einer von ihnen. »Wir würden Ihnen ja gern helfen, aber der Deich ist zu schmal und die Flussseite ist gefährlich steil. Um mehr Platz zwischen dem letzten Häuschen und der Straße zu schaffen, müsste der Deich breiter gemacht werden. Und das kostet Geld, das geht nicht ohne Auftrag.«

Oma runzelte die Stirn. »Die großen Lastwagen und die Betonmischer von der Baufirma weiter unten streifen die Rückwand von Walters Haus fast.«

Die Männer schauten unbehaglich. Dann sagte der Mann, der Martin hieß: »Es kann jetzt wirklich nicht mehr lange dauern, bis die Máxima-Brücke über den Fluss fertig ist, und dann wird der Deich für den Frachtverkehr geschlossen. Dann wird es hier ruhig. Nur Anliegerverkehr darf dann noch hier fahren.«

»Was ist Anliegerverkehr?«, wollte Juss wissen.

»Dann dürfen hier nur noch Leute fahren, die hier wohnen oder arbeiten oder jemanden besuchen«, erklärte Oma Mu.

»Die Máxima-Brücke«, sagte Onkel Arie spöttisch. »Über diese Brücke streiten sie sich doch schon seit Jahren! Darüber, wer sie bezahlen soll. Und immer wieder kam was dazwischen und der Bau wurde aufgeschoben!«

»Jetzt sind sie aber schon richtig weit«, rief Amber. »Und wenn die Brücke fertig ist, will Königin Máxima vielleicht eine Flasche Champagner dagegenwerfen! Das hat unsere Lehrerin erzählt.«

»Ja, wer weiß. Vielleicht will sie das«, sagten die Männer.

Einer von ihnen zwinkerte Amber zu und sagte dann: »Und sonst ziehst du dir ein schickes Kleid an und dann darfst du vielleicht den Champagner werfen.«

»Glaubst du, ein ganz normales Mädchen darf das auch machen?«, fragte Amber Juss aufgeregt, als die Männer um Omas Haus herum zurück zum Deich gingen und in der Hitze weiterarbeiteten.

Juss glaubte das eigentlich nicht, aber er wollte Amber nicht enttäuschen. »Kann schon sein, ja«, sagte er.

Etwas von früher

Juss und Amber lagen auf ihren Badelaken auf dem Steg und ließen sich trocknen. Die Leiter stand noch im Wasser.

Isabel saß im Bikini am Ende des Stegs und tippte auf ihrem Handy. Sie war nicht schwimmen gewesen. Ihr war das Wasser noch zu kalt.

Da kam jemand am Haus von Onkel Arie und Tante Eva vorbei.

Alle drei schauten auf.

Es war der Straßenarbeiter, der Martin hieß. Er ging über den Steg, zog etwas aus seiner Hosentasche und kniete sich neben Juss und Amber.

»Seht mal«, sagte er und öffnete die Hand.

Juss und Amber setzten sich aufrecht hin, um es sich genau ansehen zu können. Es war eine weiße Pfeife mit einem dünnen Stil. So eine Pfeife, die Leute auf ganz alten Gemälden rauchten.

»Heute Nachmittag am Flussufer gefunden«, sagte er. »Und hier habe ich noch einen Pfeifenkopf und noch zwei

Stiele. Und eine Scherbe von etwas Blau-Weißem und das hier ...«

Er zog ein Fläschchen hervor. Es sah alt aus. Sehr alt.

»Wenn man gründlich sucht, findet man hier im Boden alles Mögliche«, sagte er. »Ganz früher war hier irgendwo eine Pfeifenfabrik. Und noch länger her, in der Ritterzeit, stand im Dorf hinter dem Friedhof ...«

Er unterbrach sich: »Ihr wisst schon, wo der Friedhof ist?«

Sie nickten.

»Nun ja, da steht doch noch so ein alter Turm auf der Weide. Ein Stück dahinter lag ein Schloss. Und vor noch längerer Zeit kamen die Wikinger mit ihren Schiffen über den Fluss gefahren, um hier auf Raubzug zu gehen, und da wurde mächtig viel gekämpft!«

»Das haben Sie sich bestimmt alles ausgedacht?«, sagte Amber zweifelnd.

Isabel hatte zugehört und kam näher, um sich anzusehen, was Martin ihnen zeigte.

»Nein, das stimmt wirklich«, sagte sie. »Meine Geschichtslehrerin hat das auch erzählt, als wir mit der Klasse im Heimatmuseum waren.«

»Hier«, sagte Martin. »Das ist für euch. Hebt es nur gut auf. Es ist schön, ein Stück Geschichte von dem Boden zu haben, auf dem man lebt.«

Juss und Amber nahmen die Sachen vorsichtig entgegen.

»Danke schön«, sagten sie, beide gleichzeitig.

Martin rappelte sich auf. »Bis morgen«, sagte er. »Dann ist die Straße fertig und der Gestank wieder weg.« Am Haus von Onkel Arie entlang ging er zurück. Juss schaute ihm nach.

»Ich frage Walter, ob er ein Brett aus der Scheune über meinem Bett aufhängt, dann können wir dort unser eigenes Museum eröffnen«, sagte er aufgeregt.

Isabel war schon wieder am Weggehen, aber Amber fand das eine gute Idee.

Um Viertel nach vier kamen Tante Fien und Zaza zu Fuß über den Radweg.

»Wo ist das Auto?«, rief Amber.

»Auf dem Grundstück von Bauer Maria«, antwortete Tante Fien. »Wir durften nicht weiter, weil der Asphalt noch fest werden muss. Die Straße ist gesperrt.«

»Was war hier heute so los?«, fragte Zaza Juss.

»Die Männer, die die Straße bauen, waren nicht hier auf dem Klo, sie hatten selbst eins dabei. Und wir haben Geschichtssachen von einem bekommen. Ich frage Walter, ob ich in meinem Zimmer ein Museum eröffnen darf!«, berichtete Juss.

Amber zog ihn am Arm.

»Morgen graben wir auch was aus«, flüsterte sie ihm ins Ohr, sodass er Gänsehaut bekam. »Wenn alle wieder arbeiten und Oma nicht aufpasst, okay?«

Am nächsten Tag, als alle zur Arbeit waren, kam Amber mit ihrem Schulrucksack auf dem Rücken vorbei.

»Wir sind Archologen«, sagte sie.

Sie zog eine kleine Schaufel hervor. »Hier, nimm du die. Archologen sind total vorsichtig. Die graben nicht wirklich, sondern wühlen ganz vorsichtig in der Erde herum. Das habe ich im Fernsehen gesehen.«

Triumphierend zog sie einen großen Schöpflöffel aus ihrem Rucksack. »Den hier nehme ich zum Graben«, sagte sie. »Mama benutzt ihn doch nie.«

Juss nickte. Er war sich nicht sicher, ob es wirklich Archologe hieß, aber er wusste, was Amber meinte, also musste es schon so eine Art Wort sein.

Sie warteten, bis Oma Mu zum Einkaufen ins Dorf geradelt war. Onkel Arie und Tante Eva waren mit dem Ruderboot unterwegs und hatten was zum Essen für ein Picknick mitgenommen, also waren die erst mal auch weg.

Die Straßenarbeiter waren noch da und würden sich vielleicht auch einmischen, wenn Amber und Juss graben würden. Außerdem war der Boden am Radweg voller harter Wurzeln der Birnbäume.

Darum fingen sie im Garten von Oma Mu mit dem Graben an, in ihrem Blumenbeet.

Sie saßen auf den Knien und gruben ganz vorsichtig.

»Hoppla!«, sagte Amber nach einer Weile.

»Was hast du gefunden?«, wollte Juss sofort wissen.

»Omas Tulpenzwiebeln ...« Schnell schob Amber die Erde zurück ins Loch. »Ich mach lieber mal da hinten weiter.«

Juss schaute unter die Sträucher vor sich. Vielleicht sollte er lieber zwischen den Wurzeln graben. Da waren bestimmt keine Blumenzwiebeln in der Erde versteckt.

Er warf Amber einen Seitenblick zu.

»Hoppla!«, sagte sie wieder.

»Was ist da?«

»Katzendreck.«

Juss kroch auf den Knien weiter, bis sich die Zweige in seinen Haaren verfingen. Ganz, ganz vorsichtig trug er die Erde ab.

Er schaufelte, bis sein Arm bis zu den Ellenbogen im Boden verschwand. Dann stieß er auf etwas.

Wieder schaute er zu Amber. Sie war vertieft in ihre Arbeit und beachtete ihn nicht. Er holte tief Luft, legte die Schaufel zur Seite und steckte seine Hand in das Loch. Mit den Fingern tastete er sich vor. Da war etwas Hartes. Etwas Dünnes. Und auch noch etwas Hartes, das groß war. Vielleicht eine Geldkiste. Vielleicht etwas Spannendes aus dem Krieg ...

Das Dünne konnte er greifen und loszerren.

Er schaute.

Es war ein Knochen.

Warum um Himmels willen?

Amber kam sofort, als Juss sie rief.

»Glaubst du, das ist ein Menschenknochen?« Sie flüsterte.

Sie schauten sich um. Keiner beachtete sie.

»Da ist auch noch was Größeres«, sagte Juss. »Ich konnte es fühlen. Es ist ... ein wenig gruselig.«

»Grab mit meinem Löffel weiter, dann brauchst du es nicht anzufassen.« Amber gab ihm den Löffel.

Mit dem Löffel machte Juss das Loch größer. Amber hielt die Zweige des Strauchs zurück. Sonnenlicht fiel durch die Öffnung.

»Es ist ein Schädel!« Amber schüttelte sich.

»Meinst du ... der ist von Jan?« Juss schluckte.

»Von Jan? Quatsch, natürlich nicht. Man darf doch ein Kind nicht im Garten begraben!«

Juss nahm den Schädel mit den Fingerspitzen, zerrte ihn aus der Erde und zog ihn angeekelt hervor.

Er war völlig mit Sand bedeckt.

»Spül den mal ab«, sagte Amber.

Juss schaute zum Steg. »Die Leiter steht nicht da.«

»Dann tun wir ihn in den großen Kescher.« Amber rannte zum Vordach und holte den Kescher, der dort am Haken hing.

Juss ließ den Schädel hineingleiten.

Sie legen sich auf dem Bauch auf den Steg. Juss ließ den Kescher ins Wasser hinab und bewegte ihn von links nach rechts. Blasen stiegen auf und braune Schlammwölkchen.

»Wenn wir keinen Schlamm mehr sehen, ist er sauber«, sagte Amber.

»Vielleicht hat jemand mal heimlich jemand anderen im Garten von Oma Mu begraben«, fantasierte Juss drauflos. »Als es zweiter Weltkrieg war. Ein Soldat ...«

»Oder jemand, der ermordet wurde«, meinte Amber. »Der ist jetzt sauber genug! Zieh ihn nur rauf.«

Juss zog den tropfenden Kescher aus dem Wasser. Der Schädel war mehr oder weniger sauber.

»Das ist kein Menschenschädel«, sagten sie gleichzeitig. Sie waren beide erleichtert, aber das sagten sie nicht.

»Wie schade«, sagten sie cool.

Sie wollten den Schädel jemandem zeigen, aber wem bloß? Nur Opa Gurrgurr war zu Hause und den würde der Schädel vielleicht durcheinanderbringen. Isabel war noch im Bett, also ließen sie die auch lieber in Ruhe.

Durch Oma Mus Garten gingen sie zur Straße, die schön schwarz aussah. Die Maschinen und die Männer waren ein Stück entfernt. Nur ein Mann stand noch mit einem Besen neben einer Walze.

Den Mann, der Martin hieß und ihnen die alten Sachen geschenkt hatte, sahen sie nicht mehr.

»Wir können die Straße überqueren und ihn Sofia zeigen«, schlug Amber vor.

Weil die Straße noch immer gesperrt war, brauchten sie jetzt nicht einmal Angst vor den Autos zu haben, die mit achtzig Stundenkilometern über den Deich rasten. Ganz in Ruhe konnten sie über den neuen Asphalt gehen. Juss hielt den Schädel in der Hand. Amber pflückte Margeriten, roten Klatschmohn und blaue Wegwarte am Straßenrand.

An der gegenüberliegenden Straßenseite führte ein breiter Pfad nach unten, zum Grundstück von Bauer Maria. Über der Tür des Bauernhofladens hing die Fahne, also war er offen.

Die Frau von Bauer Maria hieß Sofia. Sie war nett, aber bei Bauer Maria war man sich nie sicher. Der konnte genauso launisch sein wie Isabel. Er hatte immer einen Stoppelbart und guckte mürrisch. Wäre er eine seiner Kühe gewesen, hätte er die Kinder von seinem Grundstück vertrieben, wie sie es mit den Fliegen an ihren mistverkrusteten Hinterteilen machten.

Juss und Amber fanden es erst komisch, dass er einen Mädchennamen hatte, aber Oma Mu hatte streng geschaut und gesagt, das sei ein anständiger katholischer Name, an dem überhaupt nichts Lustiges war.

Die Ladenklingel ertönte, als sie reingingen. Drinnen war es kühl und es roch stark nach Käse und Milch und Butter.

Sie schauten zu dem Strohhuhn, das neben einem Korb voller Eier hockte. Sie sahen die Flaschen mit Milch, Buttermilch und Joghurt im Kühlregal. Sie schauten sich alle Käsesorten an, in denen kleine Namensschilder pikten: *Brennnessel. Kümmel. Bockshornklee.*

Sie schauten zu der großen Gefriertruhe an der Wand und der Preisliste darüber: *Aus eigener Schlachtung: Bio-Schweinefleisch. Bio-Rindfleisch. Bio-Huhn.*

»Sie hat die Klingel nicht gehört.« Amber ging zurück zur Tür und öffnete und schloss sie noch einmal.

Da kam Sofia aus der Käserei, mit rotem Gesicht und feuchten Händen, die Haare unter einem sauberen Kopftuch.

»Was kann ich für euch tun?«, fragte sie.

Sie lächelte, aber man konnte sehen, dass sie störten. Juss streckte ihr den Schädel entgegen.

»Igitt, was soll denn das? Wollt ihr nichts kaufen? Dann haut ab mit diesem ekligen Teil!«, wetterte Sofia.

Sie zuckten zusammen, stolperten über ihre eigenen Füße und wussten nicht, wie sie so schnell wegkommen sollten.

Da kam ihnen Bauer Maria entgegen.

»Was gibt's?«, fragte er mürrisch wie immer.

»Wir ... wir haben etwas ... gefunden«, sagte Juss. Er zeigte ihm den Schädel.

Auf Bauer Marias Gesicht tauchte tatsächlich ein kleines Lächeln auf. Er kratzte sich seinen Stoppelbart.

»Und was habt ihr euch gedacht?«, fragte er. »Dass das von einem Menschen ist? Einem Soldaten aus dem Krieg? So eine Geschichte, oder?«

Sie schüttelten die Köpfe, als hätten sie keine Sekunde daran gedacht.

»Nein, natürlich nicht. Dafür ist er zu flach«, sagte Amber.

»Von einem Pferd vielleicht?«

»Viel zu klein«, meinte Juss.

»Von einer Kuh?«

»Auch viel zu klein«, sagten sie gleichzeitig.

»Von einem ... Schaf?«

Sie schauten von Bauer Maria zu dem Schädel.

»Vielleicht von einem Lämmchen?«, versuchte Juss.

»Oder einer Ziege?«, schlug Amber vor.

»Wo habt ihr den denn gefunden?«

»Im Garten von Oma Mu«, gab Juss zu. »Unter einem Gebüsch.«

Bauer Maria dachte kurz nach.

»Warum um Himmels willen grabt ihr unter einem Gebüsch im Garten eurer Oma?«

»Wir spielen Archologen«, erklärte Amber.

»Um alte Sachen von früher zu finden«, ergänzte Juss.

»Archäologen«, verbesserte Bauer Maria. »Und das ist ein altes Ding, aber nicht so alt. Bestimmt nicht mehr als zwanzig Jahre. Ich glaube, dieser Schädel ist von Fritzi, dem Hund eurer Oma. Ihr wusstet doch, dass sie früher einen Hund hatte?«

Sie schüttelten die Köpfe.

»Da waren wir noch nicht geboren«, erklärte Juss.

»Ich würde ihn einfach wieder da begraben, wo er lag. Wenn ihr alte Sachen sucht, habe ich was Besseres für euch, kommt mal mit.«

Juss und Amber rannten hinter Bauer Maria her zum Heuschober. Ganz oben unter der Decke waren Schwalbennester aus Ton befestigt. Schwalben scherten knapp über ihre Köpfe hinweg rein und raus und raus und rein, sodass sie sich ständig verschreckt duckten.

Bauer Maria nicht. Der war die Schwalben gewöhnt. Er nahm ein Kännchen und ein Töpfchen mit einem losen Deckel von einem Brett. Das Kännchen war kaputt. Das Töpfchen war noch heil. Er gab Amber das Kännchen und steckte das Töpfchen in Juss' Hosentasche, weil Juss es ja nicht annehmen konnte.

»Beim Baggern gefunden, am Flussufer«, sagte er. »Mindestens hundert Jahre alt. Nehmt es nur mit. Und steckt diesen Schädel zurück in die Erde, bevor eure Oma herausfindet, dass ihr ihren toten Hund ausgebuddelt habt.«

Ruhe sanft

Sie stellten das Kännchen und das Töpfchen erst mal zu den anderen alten Sachen auf ein Brett unter dem Schutzdach.

Danach rannten sie zurück in Omas Garten. Zum Glück war ihr Fahrrad noch weg und die Küchentür geschlossen.

Schnell gruben sie den Schädel und den Knochen wieder ein. Aus zwei aneinandergebundenen Zweigen bastelte Amber ein Kreuz, bohrte es in die Erde und legte die Blumen dazu, die sie gepflückt hatte. Danach zog sie die Zweige des Gebüschs über alles, damit Oma das Kreuz und die Blumen nicht sah.

»Ruhe sanft«, sagte sie. Und dann, zu Juss: »Möchtest du noch was sagen?«

»Ich bin nicht katholisch.«

»Das ist egal.« Amber schnaubte. »Du kannst doch wohl was sagen!«

»Du warst ein lieber Hund und Oma Mu lässt dich herzlich grüßen«, sagte Juss. Und dann fiel ihm noch etwas ein: »Sie vermisst dich noch immer.«

Amber war zufrieden. »Das hast du schön gesagt.«

Sie standen auf und klopften sich die Erde von den Knien.

»Bloß habe ich das zu einem toten Schädel ohne Ohren gesagt.« Juss zog ein komisches Gesicht.

Amber musste lachen und ganz von selbst musste er mitlachen und dann konnten sie nicht mehr aufhören damit.

Sie rannten in die Sonne und ließen sich lachend auf den Rasen fallen und da blieben sie einfach liegen, bis Oma mit dem Fahrrad vorfuhr.

»Helft mir mal bitte mit den Einkäufen.« Oma Mu bremste.

Sie sprangen auf und trugen jeder eine Tasche in Omas Küche. Oma Mu stellte ihr Fahrrad unter das Schutzdach, räumte die Einkäufe ein und machte Limonade und für sich selbst Kaffee.

»Nehmt euch nur einen Keks«, sagte sie. Und als Amber und Juss ihre Kekse aßen, fragte sie: »Was habt ihr denn heute Morgen gemacht?«

»Wir waren bei Bauer Maria. Er hat uns alte Sachen für unser Museum geschenkt«, erzählte Juss.

»Bauer Maria? Was wolltet ihr denn dort?«, fragte Oma.

»Wir sind einfach so über den Deich über den neuen Asphalt gegangen. Das war nicht gefährlich, weil da ja noch keine Autos fahren dürfen«, beeilte sich Amber zu sagen.

»Wie nett von ihm, euch was zu schenken«, meinte Oma. »Er ist ein guter Kerl. Es ist nicht leicht, heutzutage noch von einem Bauernhof zu leben. Aber Sofia und er halten durch. Den Bauernhof gibt es schon seit über zweihundertvierzig Jahren. Er gehörte Marias Vater und davor seinem Vater und davor dem Vater von seinem Vater und so weiter. Und jetzt soll er weg.«

Das hörten Juss und Amber zum ersten Mal. Erstaunt sahen sie auf. »Weg? Wohin? Warum?«

»Weil die Máxima-Brücke bald fertig ist. Die Straße zur Brücke führt über sein Land«, sagte Oma. »Diese Brücke, für uns ist es ein Segen, wenn sie endlich fertig ist. Aber für Bauer Maria bedeutet die Brücke das Ende seines Familienbetriebs. Das Ende von allem, wofür Sofia und er so hart gearbeitet haben.«

Amber verzog den Mund. »Das ist traurig!«

»Sie hätten die Brücke doch ein Stück weiter hinten bauen können?«, rief Juss.

»Nein«, sagte Oma. »Sie muss an der gegenüberliegenden Flussseite an die Straße zum Industriegebiet anschließen.«

Juss wollte das nicht glauben. »Aber Bauer Maria hätte doch einfach sagen können: ›Kommt gar nicht in Frage. Das ist mein Land. Hier wird keine Straße gebaut!‹«

»Sie haben ihn gezwungen, aber fragt mich nicht, wie, so ganz verstehe ich es auch nicht«, sagte Oma. »Sie haben ihm sein Land weggenommen und seine Familiengeschichte. Seine Ställe, seine Gräben, seine Zäune.«

»Wer sind das denn, diese ›sie‹?«, fragte Amber entrüstet.

»Keine Ahnung.« Oma stand auf und spülte die Limonadengläser ab. »Die Provinzverwaltung. Die Regierung. Die Gemeinde. Leute, die das Sagen haben über die Brücken und Straßen im Land.«

Sie zuckte die Achseln. Wütend und traurig.

»So ist es eben. Wichtige Menschen, die einem wegnehmen können, was einem sehr lieb ist«, sagte sie schließlich.

Über den Kies kam jemand herbei.

Eine schmutzige Hand zog den Fliegenvorhang zur Seite und sie sahen das Gesicht von Martin, dem Straßenarbeiter.

»Guten Morgen, Frau von Rhijn. Haben Sie schon mal hinter das Haus von ihrem Sohn Walter geschaut?«, fragte er.

Oma trocknete sich die Hände ab. »Nein. Noch nicht. Wieso?«

Mit dem Kinn deutete Martin nach draußen und ging los. Er schaute, als hätte er eine Überraschung.

Oma Mu folgte ihm, und Juss und Amber hefteten sich an ihre Fersen.

Sie gingen um das Haus herum zur Straße, wo sie jetzt noch in Sicherheit stehen konnten. Ein Streifen, so breit wie ein Stuhlkissen, war zwischen den Asphalt und dem Haus frei gelassen worden.

»Hier kann Ihr Sohn Betonpoller in die Erde rammen«, sagte Martin. »Noch schmaler konnte ich die Straße nicht machen, aber ich habe mein Bestes getan.«

Oma Mu schaute in sein rotes Gesicht. Sie streckte die Hand aus. »Vielen herzlichen Dank, auch im Namen meines Sohnes und meiner Schwiegertochter«, sagte sie feierlich.

Sie schüttelten sich die Hände.

»Und auch in meinem Namen«, sagte Juss. »Ich schlafe nämlich an dieser Seite.«

»Gern geschehen«, sagte Martin und er zwinkerte Juss zu.

»Das ist einfach großartig!«, sagte Walter aufgeregt, als er von der Arbeit kam. Er konnte sich nicht auf die Straße stellen, um das Ergebnis in Ruhe zu bewundern, weil ein Auto nach dem anderen vorbeiraste. Der Deich war wieder für Verkehr geöffnet.

Auf dem Asphalt war noch kein weißer Mittelstreifen und es schien, als würden die schweren Lastwagen sogar noch näher an ihrem Häuschen vorbeirattern als vorher.

Aber es würde noch eine Markiermaschine kommen, um Streifen zu machen, hatte Martin versprochen.

Heute oder morgen.

Gemeine Sachen machen

Samstagmorgen standen Walter und Onkel Jordan früh auf. Sie freuten sich auf den Baumarkt und fuhren mit dem Anhänger dorthin. Sie nahmen sich nicht mal Zeit fürs Frühstück.

Beide reparierten und werkelten leidenschaftlich gerne. Vor allem an ihren eigenen Häusern. Mit Hämmern und Bohrern und Wasserwaagen arbeiten. Sämtliches Material verwenden, das sie am Straßenrand gefunden oder von jemandem bekommen hatten. Rumhantieren mit Sägen und Schleifmaschinen, mit viel Schweiß und viel Lärm.

Als die Brüder zurückkamen, trugen sie einen Erdbohrer, Betonpoller und Eisenstangen durch den Garten. Es folgten staubige Säcke Schnellzement und noch viele andere Sachen.

»Nicht ganz billig, aber dafür hat man auch was Gutes«, sagte Walter strahlend zu Zaza. »Diese Betonpoller sind zwar ein wenig beschädigt, aber das ist egal, weil keiner langsam genug über die Straße fährt, um das zu sehen.«

Zaza schaute auch froh und umarmte Juss.

Sie sagte, sie würde oft schlecht schlafen, weil sie sich Sorgen um ihn in seinem kleinen Zimmer an der Straßenseite machte.

Das kleine Zimmer an der Straßenseite, Juss hatte es so gerne haben wollen, dass sie sich deswegen gestritten hatten.

Ein Streit mit Rumschreien und Tränen.

Er ganz allein gegen Zaza und Walter und da war er gerade mal sieben Jahre alt gewesen.

In ihrem kleinen Häuschen gab es oben nur zwei Zimmer. Erst hatte Juss in einer Wiege neben Walter und Zaza im Elternschlafzimmer an der Flussseite des Hauses geschlafen. Danach in einem Kinderbett. Das passte so gerade eben noch rein, auch wenn Zaza dann über Walter klettern musste, wenn sie nachts mal zur Toilette ging. Danach passte er nicht mehr in das Bett und Walter baute ein etwas größeres Bett für Juss. Das stand dann eingeklemmt zwischen dem großen Bett und der Wand und keiner konnte noch irgendwo ran oder die Betten anständig machen.

Juss schämte sich, dass er wie ein kleines Baby noch bei seinen Eltern schlief.

»Ich kann doch einfach in dem kleinen Zimmer schlafen!«, rief er.

»Aber das liegt an der Straße, Jussef«, wandte Zaza ein.

Juss musste weinen, so gern wollte er das Zimmer.

»Ich möchte mein eigenes Zimmer mit meinen Spielsachen und ... Sachen an den Wänden für Jungs. Und dass dann Kinder über Nacht bleiben können! Amber und so!«

»Wir denken darüber nach«, sagte Zaza, die es nicht ertrug, wenn er weinte, weil sie dann ganz von selbst mitweinen musste.

Abends, als er oben an der Treppe saß und lauschte, hörte Juss, wie Walter und Zaza sich einen Plan ausdachten. Walter sagte: »Ich kann die Wand verstärken. Das alte Fenster maure ich zu. Und ich ziehe von innen eine zweite Wand ein. Und dann setze ich ein kompaktes kleines Dachfenster mit Rahmen aus Kernholz mit Doppelverglasung ein. Das hält auch den Lärm ab.«

Walter klang begeistert. Juss hörte fast, wie er sich die Hände rieb. Bauen! Juchhu!

Zazas Stimme hörte sich noch immer besorgt an, aber sie stimmte zu. »Er ist ja auch wirklich zu groß, um noch bei uns im Zimmer zu schlafen.«

Dann fingen sie an, über praktische Sachen zu reden, denn in dem zweiten Zimmerchen stand alles Mögliche. Der Wäschetrockner. Der Wäschekorb. Ein zusätzlicher Kleiderschrank für Winterjacken und dicke Pullover. Wo sollten sie mit den Sachen hin?

Juss ging zurück ins Bett und lächelte im Dunkeln. Er hatte gehört, was wichtig war. Wo der Wäschetrockner stehen sollte, war ihm egal.

Das war ein Problem für Erwachsene.

Und jetzt machten Walter und Onkel Jordan Juss' Zimmer noch sicherer. Juss und Amber sahen ihren Vätern zu, als sie die Betonpoller zur Straße trugen.

Um sicher arbeiten zu können, hatten sie die Hälfte

des Deichs mit mindestens zehn großen Leitkegeln abgesperrt.

Dadurch mussten alle Autos und Laster ganz langsam und vorsichtig fahren, um nicht im Graben zu landen.

Onkel Jordan machte Löcher mit dem Erdbohrer. Juss und Amber durften sie mit Wasser füllen. Sie schleppten Eimer und Gießkannen herbei, bis alle Löcher gefüllt waren. Dann stellte Onkel Jordan die Poller ins Wasser und Walter schüttete den Schnellzement aus den Säcken hinzu.

Weißer Staub wirbelte auf und blieb an seinem nackten Oberkörper kleben, sodass er allmählich eher einem Eisbären als einem Löwen ähnelte.

Mit der Wasserwaage prüften die Männer, ob die Poller gerade standen. Als sie zufrieden waren, gingen sie zum Fluss, um sich zu waschen und Kaffee zu trinken.

»Nicht da rankommen!«, warnten sie Juss und Amber. »Dieser Zement trocknet sehr schnell.«

Juss und Amber blieben zurück. Sie schauten zu dem Zement in den Löchern.

»Wenn wir jetzt etwas darin versenken, bleibt es auf immer und ewig und ewig und immer bewahrt«, sagte Juss. »Und wenn Archäologen hier in zweihundert Jahren Ausgrabungen machen, fragen sie sich, wie wir früher gelebt haben.«

Amber schaute ihn an. »Dann müssen wir schnell sein, bevor der Zement ganz trocken ist.«

Sie schauten sich um.

Was konnten sie da reinwerfen?

Auf dem Tisch bei Amber im Garten lag etwas. Etwas, das

in der Sonne funkelte. Juss rannte hin und kehrte damit zurück.

»Hier, sieh mal!« Er zeigt es Amber.

»Das ist Isabels Fahrradschlüssel!«, flüsterte Amber.

Sie schauten sich um.

Sie hatten keine Zeit zum Nachdenken. Juss warf den Schlüssel in den Zement. Er sank ein Stückchen, aber der Schlüsselring blieb auf dem Zement liegen. Er bückte sich, um mit den Fingern nachzuhelfen.

»Nicht mit dem Finger, dann steckst du für immer und ewig da fest!« Noch gerade rechtzeitig zog Amber ihn zurück. »Hier, nimm den Zweig.«

Mit dem Zweig drückte Juss den Fahrradschlüssel in den Zement und zog die Hand dann schnell wieder zurück. Der Zement schloss sich über dem Schlüssel. Man konnte sehen, dass jemand an den Betonpoller gekommen war, aber man konnte nicht sehen, dass da etwas hineingedrückt worden war.

Dann erst wurde ihnen klar, was sie getan hatten.

Juss nahm Ambers Hand. Sie gingen zu Oma Mu.

Die pflanzte gerade Geranien in eine alte Milchkanne von Bauer Maria.

Sie schaute auf. »Wie schaut ihr denn aus der Wäsche, habt ihr etwa was ausgefressen?«

Sie schüttelten den Kopf. Sehr heftig und sehr entschieden.

»Hmm«, machte Oma misstrauisch.

Sie gingen schnell weiter.

Opa Gurrgurr saß mit geschlossenen Augen vor seinem Haus in der Sonne. Beppie, seine Lieblingstaube, saß auf seiner Schulter. Sie hatte auf seinen Pullover gemacht.

Amber ließ Juss' Hand los und ging zu Opa. Er öffnete die Augen.

»Opa«, fragte sie. »Hast du schon mal was richtig Gemeines gemacht? Ein wenig aus Versehen und ein wenig absichtlich?«

Beppie flatterte weg und setzte sich auf den Rand der Dachrinne. Opa kratzte seinen Stoppelbart.

»Ich glaube schon. Das hat jeder schon mal, weißt du. Alle Menschen machen gemeine Sachen. Gemeine Sachen und Menschen – die sind füreinander bestimmt. So kannst du's auch sehen.«

Sie setzten sich zu Opa Gurrgurrs Füßen und lehnten sich an seine Beine. Opa Gurrgurrs Hände strichen über ihre Köpfe, als wären sie Tauben.

Ei, ei, machten seine Hände. Alles wird gut. Ei, ei.

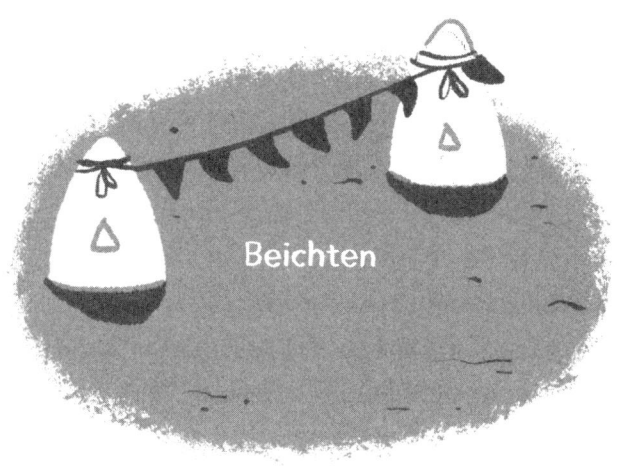

Beichten

»Mama!«, schrie Isabel. »Hast du meinen Fahrradschlüssel gesehen?«

Sie war schon ein paar Mal von ihrem Fahrrad zum Radweg und wieder zurück gelaufen. Sie schaute im Gras nach, auf der Straße und auf dem Gartentisch. Tante Fien kam raus.

»Nun denk mal scharf nach«, sagt sie. »Wo hast du ihn zuletzt gehabt?«

»Ich denke scharf nach!« Isabels Stimme überschlug sich. »Hier! Ich glaube, hier. Oder in der Küche.«

Sie gingen zusammen ins Haus. Juss und Amber konnten sie noch hören. Sie setzten sich mit dem Rücken zu den fünf Häuschen auf den Steg und ließen die Beine über dem Wasser baumeln.

»Was wir getan haben, ist eine Sünde«, sagte Amber.

»Und seine Sünden muss man beichten, dann vergibt Gott einem und dann ist man wieder froh.«

Juss schaute zu ihr. Solche Sachen lernte Amber in ihrer Schule und in der katholischen Kirche. Bei ihm in der Schule hatte noch nie jemand etwas über Beichten erzählt.

»Beichten?«, wiederholte er.

»Bitten um Vergebung für was man getan hat«, erklärte Amber.

»Und wen bittet man da?«, wollte Juss wissen.

»Äh ... Jesus. Oder Maria. Nicht Bauer Maria, sondern Maria, die Mutter von Jesus.«

»In Oma Mus Wohnzimmer steht eine Maria«, sagte Juss.

»Aber Oma Mu ist zu Hause«, sagte Amber.

Da konnten sie also nicht hin.

»Paaaaapaaaa!« Isabel rannte nach draußen.

Onkel Jordan und Walter waren dabei, die Betonpoller mithilfe von Eisenstangen miteinander zu verbinden.

»Was ist?«, schrie Onkel Jordan. An seiner Stimme hörte man, dass das mit den Stangen nicht so gut klappte.

»Hast du meinen Fahrradschlüssel gesehen?«

»Ja, der liegt hier auf dem Deich, du Knallerbse!«, schrie Onkel Jordan zurück.

»Man kann auch bei einem Heiligen beichten«, fiel Amber ein.

»Einem Heiligen?«

»Jemand, der immer lieb ist und alles vergibt.«

»Fast immer oder wirklich immer?«

»Wirklich immer, sonst ist es kein Heiliger.«

»Opa Gurrgurr ist ein Heiliger«, sagte Juss. »Der ist wirklich immer lieb. Sogar wenn Oma Mu ihn in die Wanne steckt, flucht er nicht.«

Sie sprangen auf und rannten zurück zu Opa Gurrgurr. Er war hinter seinem Haus bei den Hühnern und den Brennnesseln. Als sie zu ihm gingen, sahen sie gerade eben noch, wie er einer herumstreunenden Bauernhofkatze einen Tritt verpassen wollte. »Du Mistvieh«, knurrte er. »Lass meine Tauben in Ruhe!«

Also war Opa Gurrgurr auch kein Heiliger.

Die Tür von seinem Häuschen stand offen und Juss schaute hinein. Neben den Fotos hing ein Kreuz mit Jesus daran.

»Amber!« Er winkte sie herbei.

Amber sah es auch. Sie schlichen sich hinein und stellten sich ganz gerade hin. Amber machte das Kreuzzeichen. »Wir haben gesündigt mit dem Fahrradschlüssel meiner Schwester, aber wir werden es nie wieder tun«, betete sie. »Bitte vergib uns, Amen.«

Juss merkte nicht, dass jetzt etwas anders war, aber Amber schaute erleichtert. Schnell zog sie ihn am Ärmel wieder ins Freie.

Erst als sie unter den Birnbäumen angekommen waren, schauten sie sich um.

Opa Gurrgurr war noch immer hinter seinem Häuschen.

»Er hat uns nicht gesehen«, sagte Juss.

»Wir müssen heute Abend noch einmal beten. Nicht einfach so zwischendurch, sondern richtig ernsthaft«, sagte Amber. »Dann bete ich einfach für dich mit, weil du ja nicht weißt, wie das geht. Du bist ein Heide.«

Tante Fien kam aus ihrem Haus und stellte sich zu Isabel, die mit dem Fuß aufstampfte.

»Hier, dein Reserveschlüssel«, sagte sie. »Wie oft habe ich dir schon gesagt, dass du deinen Fahrradschlüssel immer an einen festen Platz legen sollst? Na ja, immerhin kannst du jetzt wieder fahren.«

Isabel riss Tante Fien den Schlüssel aus den Händen.

»Ich bin schon zu spät. Bestimmt ist Ronnie schon weg«, sagte sie halb weinend.

»Wenn es echte Liebe ist, wartet er bestimmt eine Viertelstunde auf dich«, versuchte Tante Fien, sie aufzumuntern.

»Ach, wie witzig!«, schnauzte Isabel.

Sie rannte über den Rasen zum Fahrradweg und fuhr dann, wild in die Pedale tretend, weg.

Mit den Stangen und den Betonpollern wollte es einfach nicht klappen. Darum hielten sich Juss und Amber und alle anderen in sicherer Entfernung von Onkel Jordan und Walter.

Sogar Onkel Arie traute sich nicht, Ratschläge zu geben.

Wütende Autofahrer fingen an zu hupen, weil die Leitkegel im Weg standen.

Und dann stoppte auch noch ein Mann in einem Sportwagen, der ihnen den Mittelfinger zeigte und ein paar sehr hässliche Schimpfwörter rief.

Das hätte er besser nicht tun sollen.

Mit knallrotem Gesicht und vor Wut schnaubend richtete sich Walter auf, während Onkel Jordan schon auf die Straße sprang und mit der Faust nach dem halb offenen Autofenster langte.

Der Mittelfingermann bekam einen mächtigen Schrecken, wich zurück und kurbelte das Fenster so schnell wie möglich ganz hoch.

Zum Glück waren Oma Mu und Onkel Arie nah genug dran, um Onkel Jordan zurückzuhalten, aber sie waren nicht schnell genug bei Walter. Der schnappte sich einen Leitkegel und warf ihn auf die Motorhaube des glänzenden Sportwagens.

Boing!

Vor Schreck blieben Juss und Amber stocksteif stehen. Der Kegel hüpfte in Omas Gebüsch. Vielleicht war da jetzt eine Delle in der Motorhaube, aber das konnte keiner mehr sehen, weil die Straße inzwischen frei war und der Mittelfingermann mit heulendem Motor das Weite suchte.

Oma Mu und Onkel Arie zogen Walter und Onkel Jordan mit sich unter die Birnbäume. Da mussten sie sich hinsetzen, fünf Minuten lang tief Luft holen und ein Birneneis essen, bevor sie mit der Arbeit weitermachen durften.

Zaza und Tante Fien stellten sich dazu und Amber und Juss auch.

»Denkt doch an die Kinder«, sagte Tante Fien. »Was für ein Vorbild seid ihr ihnen denn bloß?«

»Ja, Walter, du musst dich wirklich besser beherrschen«, sagte Zaza leise.

Onkel Jordan und Walter sprangen auf und fingen mit roten Köpfen an, sehr hässliche Sachen über den Mann in dem Sportwagen zu sagen und über Autofahrer auf dem Deich im Allgemeinen. Und über eilige Lastwagenfahrer. Und über Leute, die in Villen wohnten und keine Leitkegel brauchten, um eine gefährliche Deichstraße abzusperren, wenn sie an ihren Häusern herumbauten.

»Aber na ja, solche Leute machen natürlich nichts selbst«, sagte Walter bitter.

»Nein, und das ist nur gut so, denn sonst hätten wir keine Arbeit«, meinte Onkel Jordan.

Und dann mussten sie beide grinsen und laut lachen.

»Das stimmt«, sagte Walter und zwinkerte Juss zu und zog ihn an sich.

»Und wenn ich kein so guter Handwerker wäre, hätte ich Zaza und dich nie kennengelernt«, sagte er. »Stell dir das nur vor. Dann wäre ich mein ganzes Leben lang ein einsamer Wüterich geblieben, der abends zum Essen zu seiner Mutter geht.«

Tante Fien schaute erleichtert, weil Onkel Jordan wieder lachen konnte. Gemeinsam mit Amber streichelte sie seine Hand, auf der eine große Blutblase war.

Zaza und Juss streichelten die goldenen Härchen auf Walters Armen.

»Sag doch noch mal Tschüsschen, sagte Walter zu Zaza. Seine Augen lachten und sein braunes Gesicht hatte viele Fältchen.

»Küsschen«, sagte Zaza und küsste ihn auf alle Fältchen.

Als es ein wenig kühler wurde, machten Walter und Onkel Jordan sich wieder an die Arbeit und dieses Mal klappte es. Alle kamen herbei, um sich alles anzusehen, und sagten, wie viel sicherer es jetzt an der Rückseite des Häuschens sei und wie schön gerade die Betonpoller stünden und dass die Eisenstangen alles noch viel stabiler machten.

Onkel Arie klebte mit Superleim einen roten Reflektor auf jeden Poller. Zaza befestigte eine Leine mit fröhlichen bunten Wimpeln an den Stangen, von Poller zu Poller.

»Jetzt sehen alle Leute, dass sie hier vorsichtig vorbeifahren müssen, was, Mama?«, sagte Juss.

»Jetzt können alle sehen, dass hier jemand wohnt, der glücklich ist und glücklich bleiben möchte«, sagte Zaza.

Nachdem sie das gesagt hatte, nahmen Walter und Onkel Jordan die Leitkegel weg und die Autos konnten wieder von beiden Seiten aneinander vorbeifahren.

Amber und Juss gingen zurück zum Fluss. Über den Radweg kam Isabel angefahren. Sie schaute, als hätte sie tausend Euro auf der Straße gefunden.

Sie rannten zu ihr.

»Hat Ronnie auf dich gewartet?«, rief Amber.

Isabel stieg ab. »Er hat mich geküsst«, flüsterte sie.

Amber machte große Augen. »War das schön?«

Isabel schaute Juss drohend an. »Kein Wort zu niemandem darüber, ja!«, sagte sie zu ihm. Und dann zu Amber: »Ganz schön feste. Meine Schneidezähne sind fast durch meine Lippe geschlagen.«

Amber hob die Augenbrauen. »Gehört sich das denn so feste?«

Isabel runzelte die Stirn. »Ich hoffe nicht.«

»Er war bestimmt nervös«, sagte Juss. »Ich wäre auch nervös, wenn ich dich küssen müsste.«

»Wieso?« Misstrauisch schaute Isabel ihn an.

»Na ja, eben wenn man nicht so genau weiß, wie man das macht.«

»Ah ja. Okay. Ja. Das verstehe ich«, sagte Isabel.

Mach nur

Juss wusste, dass Zazas jüngere Schwester auch aus ihrem Land geflohen war, in dem Krieg war. Sie war in Deutschland gelandet und hatte Deutsch gelernt. Vor drei Jahren hatte sie einen deutschen Mann geheiratet.

Keinen Tschüsschen-Küsschen-Mann. Keinen Handwerker, sondern einen Mann, der bei einer Bank arbeitete und ein großes Haus mit vielen Zimmern besaß und einen Mercedes, einen Gärtner und eine Reinemachfrau hatte.

Vergangenen Winter hatte Zazas Schwester ein Baby bekommen, also hatte Juss eine neue kleine Cousine.

Fast jeden Sonntagnachmittag saß Zaza mindestens eine Stunde am Computer und führte laute Gespräche mit ihrer Schwester in ihrer eigenen Sprache, die sonst niemand verstand.

Manchmal rief sie Walter und Juss. Die sollten dann kommen und sich das Baby anschauen, das einen Zahn bekommen hatte. Oder sie sollten vor der Webcam lachen und winken.

Zazas Schwester sagte dann etwas auf Deutsch. Dass Juss schon so groß wurde und dass Walter noch immer aussah wie ein Löwe.

Das konnten Juss und Walter mehr oder weniger verstehen, weil Deutsch manchmal so ähnlich war wie Niederländisch.

Nach dem Essen erledigte Walter den Abwasch und Zaza setzte sich mit Juss auf den Steg. Sie ließen die nackten Füße über dem Wasser baumeln.

Zaza erzählte Juss wieder einmal, dass er nach ihrem Opa Jussef genannt worden war. Der war stark und hatte einen dicken Schnurrbart und er konnte gut singen.

Juss fand es immer spannend, wenn seine Mutter von ihrem Leben erzählte und von ihrem toten Opa Jussef. Aber eine Sache in Zazas Geschichte machte ihn traurig. Nämlich wenn sie ihm erzählte, dass er nicht aus Walters Samen gewachsen war.

Zaza hatte in ihrem ersten Land einen Freund gehabt, der Rafiq hieß, und mit dem hatte sie Sex gehabt. Dann mussten sie plötzlich fliehen.

Sie hatte diesen Freund nie mehr wiedergesehen.

Sie kannte nicht einmal seinen Nachnamen.

»Es war wegen dem Krieg«, erklärte sie Jussef immer wieder. »Wir hatten uns heimlich verabredet, einfach so, um uns zu unterhalten und weil das spannend war. Dann fielen Bomben und wir rannten in den Keller von einem eingestürzten Haus. Wir hatten eine Riesenangst und hielten uns fest. Und dann ist es einfach passiert. Ich weiß nicht, ob Rafiq noch lebt. Vielleicht ist er auch geflüchtet. Vielleicht lebt er jetzt auch in den Niederlanden. Oder in Deutschland, wie meine Schwester. Ich weiß es nicht und ich will es auch nicht wissen, weil ich glücklich bin, wie wir hier alle zusammen sind.«

Sie lächelte tröstend, weil sie wusste, dass ihre Geschichte Juss traurig machte. Sie zog ihn an sich und küsste ihn auf die Haare. »Walter ist mein Mann. Er ist mein goldener Löwe. Walter ist mit seinen Armen, seinem Herzen und seiner Seele dein Vater, Jussef, mein Schatz.«

Zaza ging ins Haus und Walter kam nach draußen. Inzwischen war Wind aufgekommen. Der Fluss kräuselte sich unruhig und schwarzgrüne Donnerwolken verdunkelten den Himmel. Drohend säuselte der Wind durch die Blätter des Birnbaums. Ab und zu sah man in der Ferne einen Blitz. Juss und Walter schauten zum anderen Flussufer. Zu *Seltenruh*, dem alten baufälligen Bauernhof von Herrn und Frau Bakker, der etwas tiefer gelegen hinter der Straße versteckt lag. Sie konnten nur das dunkle Schlafzimmerfenster oben in der Vorderfassade sehen und das eingefallene Dach.

»Ich wollte schon längst ein paar verschobene Dachziegel wieder richten.«

Walter schaute zum Himmel. »Ich hatte es Frau Bakker versprochen, aber weil die Betonpoller dazwischenkamen, habe ich es glatt vergessen.«

Innerhalb weniger Sekunden schien die Temperatur um ein paar Grad zu fallen und dicke Regentropfen fielen knisternd in die Sträucher und auf das trockene Gras.

»Regnet es bei *Seltenruh* jetzt durch das Dach rein?«, fragte Juss.

»Ganz bestimmt.« Walter rieb sich mit seiner groben Hand das Kinn. Das machte ein kratziges Geräusch. »Ich würde es ja jetzt machen, wenn da kein Gewitter im Anzug wäre. Aber bei Gewitter steige ich nicht aufs Dach. Ich will nicht riskieren, vom Blitz erwischt zu werden.«

Juss sah ihn erschrocken an. Er sah es schon vor sich. Walter auf dem Dach, während es stürmte. Und wie er dann vom Blitz getroffen wurde und schreiend in die Tiefe stürzte …

Plötzlich machte Walter eine abrupte Bewegung. »Komm, wir springen schnell ins Auto. Vielleicht zieht das Gewitter ja vorbei und es regnet nur. Nass werden ist nicht schlimm und ich kann die beiden alten Herrschaften da nicht in einem undichten Haus sitzen lassen.«

Er nahm sich nicht die Zeit, Zaza zu sagen, wo sie hingingen.

Die Hintertür von Ambers Haus stand offen. Walter ging hinein, nahm Tante Fiens Autoschlüssel von der Fensterbank und rannte zu ihrem Auto. Halb ängstlich und halb aufgeregt kletterte Juss neben ihn und schnallte sich an.

Walter fuhr schnell, viel zu schnell. Die Scheinwerfer von Tante Fiens kleinem Auto huschten über den neuen Asphalt und auf die Blumen und die wehenden Gräser an der Böschung.

Nach einer Weile klopften immer mehr dicke Tropfen gegen die Windschutzscheibe und nicht lange danach verästelte sich ein gleißender Blitz am dunklen Himmel.

Walter murmelte ein hässliches Wort.

»Du darfst nicht vom Blitz erwischt werden«, sagte Juss. »Ich will keinen toten Vater.«

»Verstehe ich«, sagte Walter. »Ich verspreche dir, am Leben zu bleiben.«

Inzwischen klatschte der Regen gegen die Windschutzscheibe, als würde jemand eimerweise Wasser dagegenkippen. Walter stellte die Scheibenwischer auf die höchste Stufe.

»So etwas kannst du gar nicht versprechen«, sagte Juss.

»Da hast du recht«, gab Walter zu. Er fuhr immer noch total schnell.

Schwimmend oder mit dem Ruderboot waren sie in ein paar Minuten beim Bauernhof *Seltenruh* auf der anderen Flussseite. Aber mit dem Auto mussten sie einen weiten Umweg zur nächsten Brücke machen.

Mit noch zwei Rädern am Boden nahm Walter die Kurve nach oben.

Ein greller Blitz schien in die Brücke einzuschlagen. Das Metall summte, knisterte und sprühte Funken.

Wieder sagte Walter ein hässliches Wort.

Juss duckte sich. »Ich will nicht!«, jammerte er. »Ich will nach Hause!«

Als Walter nicht reagierte, schrie er: »Ich will zurück nach Hause!«

Sie fuhren von der Brücke, jetzt auf der anderen Flussseite. Walter warf Juss einen Seitenblick zu.

»Ich steige nicht aufs Dach, solange das Gewitter anhält.« Seine Stimme klang beruhigend. »Das verspreche ich dir. Du brauchst also keine Angst zu haben.«

Regenwasser strömte über das schlammige Grundstück des Bauernhofs zu einem verstopften Abfluss. Eine Plastikplane, die über ein paar Strohballen gezogen worden war, flatterte im Wind. In der Ferne bellte im Dunkeln ein Hund.

Walter und Juss stiegen aus und rannten durch den Schlamm zur Seitentür des Bauernhofs. Walter stieß die Tür auf, ging hinein und zog Juss mit, sodass sie beide im Trockenen waren.

»Frau Bakker!«, rief er laut. »Herr Bakker! Einen guten Abend!«

Juss hörte Stimmen. Gepolter. Die Zwischentür öffnete sich. Der alte Herr Bakker stand auf der Türschwelle und spähte zu Walter und Juss.

»Ich bin's, Walter von gegenüber, mit meinem Sohn Juss!«, rief Walter.

Es wirkte, als wären die Augen des alten Mannes mit einer dünnen weißen Haut überzogen. Juss hatte das Gefühl, er würde sie nicht richtig sehen. Frau Bakker tauchte neben ihrem Mann im Türrahmen auf und winkte ihnen, sie sollten nur näher kommen. Walter und Juss streiften sich ihre verschlammten Badelatschen von den Füßen und gingen hinein.

Im Wohnzimmer war es dunkel und es roch nach Gemüsesuppe. Schwere Eichenmöbel standen dort, und auf dem Tisch lag eine altmodisch gemusterte Tischdecke.

»Ich hatte versprochen, die Dachpfannen zu richten«, sagte Walter.

Der Bauer setzte sich in einen Armsessel, ein Ohr zu Walter gewandt. »Da kannst du jetzt nichts machen, Nachbar«, sagte er. »Bei diesem Gewitter gehst du mir nicht aufs Dach.«

Wieder zuckte ein Blitz auf und ganz kurz war das dunkle

Zimmer hell erleuchtet und alles und alle bekamen einen Schatten. Sofort danach folgte ein Donner, so laut, dass das Fensterglas klirrte.

Juss zog den Kopf zwischen die Schultern und machte sich klein. Walter holte sein Handy aus der Tasche und reichte es Juss. »Ruf Zaza an und sag ihr, dass wir hier sind, Juss. Und ruf auch Tante Fien an und sag ihr, wir hätten uns mal kurz ihr Auto geborgt.«

In einer Zimmerecke stand ein Topf, in den Wasser tropfte. *Platsch, platsch, platsch* ... Auf der Tapete sah man feuchte braune Flecken.

Juss schaute zu Walter.

Walter biss sich auf die Unterlippe, als er den Topf und die feuchten Stellen sah, aber er versuchte, bei guter Laune zu bleiben, und nickte ihm beruhigend zu.

»Ruf sie nur an, Juss«, sagte er. »Mach nur.«

Alt

Das Gewitter zog vorüber.

In der Ferne, wo die Sonne hinter den letzten dunklen Wolken unterging, hellte sich der Himmel leuchtend orange auf.

Das Dach war nass und glitschig, aber das kümmerte Walter nicht. Durch das Dachfenster kletterte er barfuß nach draußen. Sicherheitshalber warf er ein Seil um den Schornstein, das er sich um die Taille band.

Juss stand unten, den Kopf in den Nacken gelegt. Er schaute zu, wie Walter die verschobenen Dachpfannen wieder geraderückte und die in die Dachrinne gerutschten zurück an ihren Platz legte. Er wollte, er wäre katholisch wie Amber, dann hätte er beten können: »Lass Walter nicht fallen, bitte. Lass ihn nicht fallen.«

»Hier fehlen vier Dachpfannnen!«, schrie Walter nach unten. »Juss! Frag drinnen, ob sie noch irgendwo welche haben.«

Juss rannte ins Haus. Frau Bakker kochte in der Küche

Kaffee. Im kalten Licht der schmalen Neonröhre über der Anrichte sahen ihre Hände blau aus.

»Mein Vater fragt, ob noch irgendwo Dachpfannen liegen, ihm fehlen ein paar«, sagte Juss.

Sie dachte einen Moment nach.

»Im Stall vielleicht. Ja. Ich glaube, im Stall. Soll ich mitkommen oder findest du sie? Die Stalltür ist hinten.«

»Ich finde sie schon, glaube ich.« Juss ging wieder raus.

Walter war noch immer auf dem Dach. Er zog und zerrte an den Dachpfannen, um sie an die richtige Stelle zu schieben.

»Im Stall!«, schrie Juss ihm zu.

Walter schaute zu ihm und nickte. »Die Tür ist da!« Er hob den Arm.

Juss schlitterte durch den Schlamm zu der alten Tür, auf die Walter zeigte, und drückte die Klinke herunter.

Knarrend öffnete sich die Tür. Der Geruch von Mist und Feuchtigkeit schlug ihm entgegen.

Er sah keinen Lichtschalter.

Durch die kleinen Stallfenster mit den zerbrochenen, gesprungenen und verkrusteten Scheiben kam zu wenig Licht.

Hier standen keine Kühe mehr. Schon lange nicht mehr. Überall lag verstaubter Krempel. Alte Autoreifen, eine rostige Schubkarre, Plastikplanen, eine alte Milchkanne, ein Fahrradwrack, ein Baumstumpf, ein alter Pflug und noch viel mehr, das im Dunkeln nicht richtig zu erkennen war.

Juss blieb im Türrahmen stehen und wünschte sich sehr, dass Amber jetzt bei ihm wäre.

Aber Amber war nicht bei ihm.

Da fiel ihm ein, dass er Walters Handy noch in der Hosentasche hatte. Er zog es hervor und schaltete die Taschenlampe ein.

Überall Spinnennetze. Also gab es hier Spinnen.

Geraschel und Gescharre. Also gab es hier Ratten.

Er holte tief Luft. Der Lichtkegel wanderte zitternd umher und immer wieder konnte er ein paar Sachen ganz deutlich sehen.

Da, ganz hinten an der Wand, lag ein Stapel Dachpfannen. Juss biss die Zähne zusammen und schnappte sich die ersten vier. Er sah keine Spinnen und es huschten auch keine Ratten weg.

So schnell er nur konnte, trug er die Pfannen nach draußen.

Frau Bakker tauchte in der Seitentür auf. »Gib mir die Dachpfannen nur, Juss«, sagte sie. »Dann bringe ich sie rauf.«

Juss war froh, dass er nicht durch den dunklen Bauernhof nach oben musste. Frau Bakker ging hinein und tauchte einen Moment später am offenen Dachfenster auf.

Walter nahm die Dachpfannen Stück für Stück entgegen und bedeckte die offenen Stellen. Dann knotete er das Seil vom Schornstein los und kletterte vorsichtig durch das Dachfenster zurück ins Haus.

Ein paar Sekunden später stand er neben Juss und schaute nach oben. Das abgesackte Dach sah schon ein wenig besser aus.

Juss gab Walter sein Handy zurück.

Walter schob es in seine Tasche. »Was hat Mama gesagt?«

»Nichts«, sagte Juss. »Sie hat das Handy nicht gehört, glaube ich.«

»Und was hat Tante Fien gesagt?«

»Dass sie sich gerade einen Krimi ansieht. Und jetzt wegen mir verpasst, wer verhaftet wurde.«

»Der Kaffee ist fertig!« Frau Bakker füllte den Türrahmen aus, sodass kein Licht mehr auf den Hof fiel.

»Geh du nur schon mal rein. Ich komme gleich nach. Ich schaue nur noch schnell, ob ich das Abflussrohr hier noch irgendwie frei kriege.« Walter gab Juss einen Schubs in den Rücken.

Juss wollte nicht rein. Und ganz bestimmt nicht ohne Walter.

Aber Walter war schon weg und Frau Bakker trat zur Seite, damit er an ihr vorbeikonnte.

Er bekam heißen Kakao. Das hatte er nicht erwartet. Der Becher war sauber und der Kakao schmeckte gut.

»Der ist lecker, was?«, sagte Herr Bakker und hob seinen Becher, als würde er Juss zuprosten. Die Stehlampe hinter seinem Sessel war jetzt eingeschaltet und es war nicht mehr so dunkel im Wohnzimmer.

»Bauer Bakker trinkt abends auch immer heißen Kakao«, sagte Frau Bakker. »Von Kaffee kann er nicht schlafen.«

»So ist es.« Herr Bakker räusperte sich. »Wie geht's euch? Müsst ihr auch raus aus eurem Häuschen wie Bauer Maria?«

Juss bekam einen Schrecken. »Raus? Nein, wir nicht! Wir haben gerade Betonpoller zwischen unserem Haus und der Straße gebaut. Wir dürfen alle zusammen da wohnen bleiben!«

»Das ist schön, das ist schön.« Der alte Bauer nickte.

»Unser Bauernhof muss auch nicht weg. Aber unser Land brauchten sie. Da ist jetzt diese Umgehungsstraße zur Máxima-Brücke. Wir haben es ja nicht mehr genutzt und nach uns kommt hier kein neuer Bauer. Wir haben keine Nachfolger.«

Walter war ins Haus gekommen und hatte schweigend zugehört. Als Herr Bakker verstummte, sagte er munter: »Ich habe das Abflussrohr frei gekriegt! Der Hof kann wieder trocknen, eure Hühner brauchen nicht zum Schwimmunterricht!«

Frau Bakker lächelte und reichte ihm einen Becher Kaffee. »Du bist ein guter Nachbar, Walter«, sagte sie. »Und dein Sohn ist ein lieber Junge.«

»Ja«, sagte der alte Bauer mit seiner langsamen, heiseren Stimme. »Du bist ein guter Junge, Jupp.«

Verstanden?

Am nächsten Tag erzählte Juss Oma Mu und Amber von Herrn und Frau Bakker und dem Bauernhof.

»Ja«, sagte Oma Mu mit einem Seufzer. »Alle wollen alt werden, aber wirklich alt sein ist überhaupt nicht schön.«

»Aber du bist noch nicht wirklich alt, Oma«, sagte Amber. »Nur ein bisschen, oder?«

Oma Mu lachte und zwinkerte ihr zu. »Ja, ich hab mich wohl ganz gut gehalten!«

»Wie hat Herr Bakker dich noch mal genannt?«, fragte Amber, als Juss und sie nach draußen gingen.

»Jupp.« Juss schaute sie unsicher an.

»Jupp ...« Amber biss sich auf die Unterlippe. Ihre Augen funkelten. »Der fand natürlich, dass du so froh aussiehst. So wie ›Yippie, yuppie, yeah!‹, sagte sie und fing an zu kichern.

Während sie zu Juss nach Hause liefen, sahen sie, dass schon wieder Leitkegel auf der Straße standen. Jetzt erst bemerkten sie, wie schön ruhig es war und dass sie die Vögel zwitschern hörten.

Onkel Arie war es auch aufgefallen. Er kam mit Tante Eva nach draußen und stellte sich zu Amber und Juss. Sie schauten nach links, dann nach rechts und dann wieder nach links.

»Seht mal!« Juss hob den Arm. »Da hinten … eine Maschine.«

Amber und Tante Eva sahen sie auch.

Onkel Arie ging zurück ins Haus und holte seine Brille.

Die Maschine kam immer näher. Sie sah aus wie eine riesige Nähmaschine, die fein säuberlich große weiße Stiche machte, als wäre der Asphalt ein Stück Stoff.

Onkel Arie kam mit seiner Brille zurück. Sie schauten alle.

Die Maschine fuhr vorbei. Da saß ein Mann drin, den sie nicht kannten, der aber trotzdem winkte.

»Möchten Sie Kaffee?«, rief Tante Eva.

»Keine Zeit, aber vielen Dank«, rief der Mann zurück.

Oma Mu stellte sich auch zu ihnen.

»Guck mal, Oma, wie deine Nähmaschine«, sagte Juss. Darüber mussten die anderen lachen, aber sie fanden schon, dass Juss recht hatte.

Die Maschine verschwand in der Ferne. *Strich … Strich … Strich …*

»Die kommt gleich noch mal zurück«, sagte Onkel Arie. »Dann nimmt sie sich die andere Straßenseite vor.«

»Kaffee?«, fragte Tante Eva Oma Mu.

Oma Mu nickte, aber dann fiel ihr etwas ein und sie fasste Juss und Amber an den Schultern. »Die Farbe ist noch nass«, sagte sie streng. »Da kommt ihr also nicht dran. Die lasst ihr in Ruhe, habt ihr das verstanden?«

»Ja, Oma«, sagte Amber

Juss nickte auch. »Ja, Oma.«

»Hast du noch gebetet, wegen Isabels Fahrradschlüssel?«, fragte Juss leise. Sie schauten zu den nassen Farbstreifen an der Seite der Deichstraße.

»Ja«, sagte Amber, »aber ich war schon fast eingeschlafen, also nur ganz schnell. Es ist aber in Ordnung so, glaube ich.«

Juss ging auf die Straße. Es war schön, dort zu stehen. Von hier aus konnte er sein Schlafzimmerfenster von außen sehen. Das ging sonst nur, wenn er selbst in einem Auto saß. Er schaute zu der Mauer mit ihren vielen Rissen und Spalten, die sich im Zickzack zwischen den Backsteinen hindurchzogen. Walter hatte sie zugekittet, so gut es ging.

Amber hockte vor einem der weißen Streifen.

Juss schaute sich um. »Nicht drankommen«, sagte er.

»Mach ich doch gar nicht.« Amber streckte die Hand aus und drückte die Spitze ihres Zeigefingers in die weiße Farbe.

Juss schaute sich zu allen Seiten um.

Niemand zu sehen. Nur ein Reiher, der auf einem Bein im Graben stand, und ganz weit weg Bauer Maria auf seinem Trecker.

Er hockte sich neben Amber und berührte die weiße Farbe. Sie klebte an seinem Zeigefinger.

»Wir sind bei der Polizei und die nehmen unsere Fingerabdrücke«, sagte er. »Sie glauben, wir hätten jemanden überfallen.«

Amber spielte sofort mit. »Aber das haben wir nicht wirklich gemacht, oder?«

»Doch. Wir haben hunderttausend Euro erbeutet.« Juss drückte alle Fingerspitzen in die nasse Farbe. Amber tat es ihm nach.

Sie zogen die Hände zurück und schauten. Ihre Fingerspitzen waren weiß. Und auf den schönen weißen Streifen sah man jetzt ihre schmuddeligen Fingerabdrücke.

Was sollten sie jetzt machen, mit der Farbe an ihren Fingern?

»Nicht an deiner Hose abwischen, das sieht Oma sofort!« Amber gab Juss einen Klaps auf die Hand. Schnell hielt er sich beide Hände wieder vor den Bauch und schaute sich um.

»Am Gras«, schlug er vor und ging schon zum Graben.

Sie wischten sich die Finger am Gras ab und noch einmal und noch einmal. Sie wurden ein klein wenig sauberer, aber nicht sauber genug für Oma Mu.

»Wir sagen einfach, dass wir etwas angestrichen haben«, schlug Juss vor.

»Aber was denn?«, fragte Amber.

Sie schlichen sich unter das Schutzdach. Dort roch es nach Wäsche. Eines von Opa Gurrgurrs Hühnern saß auf einem Regal, in dem alles Mögliche herumlag. Werkzeuge, alte Fahrradtaschen, ein Beil, eine Fahnenstange, Marmeladengläser voller Nägel, rostige Heringe, ein verblichener Sonnenschirm und noch viel mehr. Zum Beispiel eine Kiste mit Farbdosen. Da war die grünblaue Farbe, die noch übrig war von den Wänden von Juss' Zimmer. Gelb von Oma Mus

Küche. Es gab Farbe zum Grundieren und Bootslack, Tafel-
farbe und … eine Dose fast weißer Farbe.

Juss zeigte sie Amber.

Amber zeigte ihm den dicken Pinsel, den sie gefunden
hatte.

Saubere Arbeit

Sie hatten Onkel Jordan und Walter so oft beim Handwerken zugesehen, dass sie wahrlich wussten, dass man einen Schraubenzieher brauchte, um eine Farbdose aufzuhebeln. Man brauchte auch Kraft und davon hatten sie gemeinsam auch genügend.

Als der Deckel von der Dose hüpfte, rollte er weg, und bevor sie eingreifen konnten, fiel er mit der Farbseite nach unten auf den frischen Asphalt.

Amber fasste ihn am Rand an und hob ihn hoch. Auf dem schönen Schwarz prunkte ein großer, fast weißer Kreis.

»Nicht reiben, ein Kreis ist besser als ein Fleck!«, warnte Juss.

»Ja, stimmt.« Amber legte den Deckel mit der Farbseite nach oben ins Gras und folgte Juss zu der Wand unter seinem Zimmer. Die Fähnchen an den Pollern flatterten im Wind wie die Segel von kleinen Booten. Weit hinter ihnen auf der Weide hörten sie den Trecker von Bauer Maria.

Juss tauchte den dicken Pinsel in die Farbdose.

»Nicht tropfen. Ein wenig am Rand abstreifen. Und nicht zu tief eintauchen«, kommandierte Amber.

»Jaja«, sagte Juss. Er klang genau wie Walter, wenn er was baute oder reparierte und sich jemand einmischte.

Er malte große Blockbuchstaben. Sie gerieten ein wenig schief. Er kleckerte auf den schönen Asphalt und die Poller und die Farbe tropfte am Pinselstiel entlang auf seine Hand.

Als er fertig war, fuhr Amber mit den Fingern durch die Farbe, die noch an den Borsten war. Niemand würde jetzt noch auf die Idee kommen, dass die Farbe an ihren Händen von einem der Streifen auf der Straße stammte.

Sie schlichen zurück und an Oma Mu vorbei, die am offenen Küchenfenster in der Sonne saß und ein Nickerchen machte.

Unter dem Schutzdach klopften sie den Deckel mit einem Hammer wieder auf die Farbdose. Den Pinsel wischten sie mit einem der alten Lappen ab, die dort lagen.

Plötzlich stand Walter da, sein Fahrrad neben sich.

»Was macht ihr da?«, fragte er.

»Wir haben etwas aufs Haus geschrieben für die Lastwagen, die da vorbeifahren«, sagte Juss.

»Ja, bloß sind unsere Hände jetzt voller Farbe«, fügte Amber hinzu.

Sie zeigten ihre Hände.

»Aufs Haus?« Walter ließ das Fahrrad fallen und stieg über Oma Mus Hecke. Er ging um sein Haus herum. Amber und Juss rannten zur Gartenpforte.

Walter sah die Fingerabdrücke auf dem Streifen auf der

Straße überhaupt nicht. Er betrachtete die Rückwand seines Hauses.

Eine ganze Weile stand er da und schaute, ohne etwas zu sagen. Der Wind blies ihm seine Löwenmähne aus dem Gesicht.

Auf Bauer Marias Weide muhte eine Kuh. Opa Gurrgurrs Tauben flatterten auf, als wären sie eine Riesentaube und machten einen Sturzflug über Oma Mus Dach.

Dann stieg Walter zurück über die Hecke und griff Amber und Juss im Nacken.

»Her mit den Farbflossen«, sagte er nur. »Erst Schmierseife und mit der Bürste schrubben, und wenn sie dann immer noch nicht sauber sind, Terpentin.«

Die Hände waren wieder sauber.

Die Streifenziehmaschine kehrte zurück und zog einen langen weißen Streifen am Graben entlang. Danach kamen Männer, die Löcher gruben und runde Verkehrsschilder mit einem roten Rand aufstellten, auf denen *Tempo 30* stand.

Sie brauchten dazu keinen Schnellzement, wie Walter und Onkel Jordan für die Poller. Unten an den Schildern waren fertige Betonblöcke, wie Wurzeln an einem Baum. Sie brauchten sie nur einzupflanzen und die Erde wieder festzustampfen.

Den restlichen Tag und die ganze Nacht über blieb die Deichstraße für den Verkehr gesperrt. Es war so still und ruhig, dass Juss das Säuseln der neuen großen Windräder am anderen Flussufer hören konnte.

Am nächsten Tag ging ein Mann, ganz allein, über den Deich. Er zog einen Karren und hielt eine Art Hochdruckspritzpistole in der Hand. Hinter Opa Gurrgurrs Haus blieb er stehen.

Juss und Amber rannten zur Straße.

»Was machen Sie da?«, rief Juss.

»Ich bringe etwas auf der Straße an«, antwortete der Mann.

»Was denn?«, wollte Amber wissen.

»Wart's ab, dann siehst du es.«

Der Mann sagte nichts mehr und machte sich an die Arbeit. Er zog zwei große Plastikplatten von seinem Karren und legte sie dicht nebeneinander auf die rechte Straßenhälfte.

Amber und Juss rannten an der Hecke vorbei zu Oma Mus Gartenpforte und liefen auf die Straße.

Der Mann warf ihnen einen Seitenblick zu. »Kommt besser nicht zu nah ran, wenn ich sprühe«, sagte er.

»Wieso?«, fragte Jus. »Ist das giftig? Sterben wir, wenn wir es einatmen?«

Amber und er wichen sicherheitshalber zurück, aber nicht zu weit, damit sie noch sehen konnten, was der Mann da machte.

Aus den Platten, die jetzt flach auf der Straße lagen, war etwas ausgeschnitten. Die Zahl 30.

Der Mann richtete die Spritze nach unten und drückte auf einen Knopf. Kleine weiße Farbtröpfchen spritzten kräftig auf die Platten und in die ausgeschnittene 30.

Amber und Juss traten noch weiter zurück.

Als die 30 vollgespritzt und überhaupt kein Schwarz mehr

zu sehen war, schaltete der Mann die Spritze aus und hob die Platten hoch. Er trug Handschuhe und bekam also keine Farbe an die Hände.

Auf dem Asphalt war eine gestochen scharfe 30 zurückgeblieben.

Opa Gurrgurr kam aus seinem Haus und ging zur Hecke. Er schaute zu dem Mann und die 30 und lächelte froh. »Das ist schön. Das ist fein säuberlich!«

Der Mann antwortete nicht. Er zog den Karren weiter bis hinter Juss' Haus und legte die beiden halben 30-Platten jetzt auf die andere Straßenhälfte.

»Darf ich sprühen?« Juss rannte zu ihm.

»Nein«, sagte der Mann.

»Ich mache das auch ganz ordentlich!«

Der Mann schaute zu den Buchstaben an der Wand unter Juss' Zimmerfenster.

»Hast du das da auch geschrieben?«, fragte er.

»Ja«, antwortete Juss. »Da sehen Sie, wie ordentlich ich das kann.«

»Ja, es kommt nur darauf an, was man unter ›ordentlich‹ versteht.« Der Mann setzte die Spritze an und sprühte eine gestochene 30 auf die Straße. Danach hob er die Platten wieder hoch und sagte: »Nicht an die Farbe kommen, die ist noch nass.«

Opa Gurrgurr holte Oma Mu, Onkel Arie und Tante Eva. Sie gingen auf die Straße, vorsichtig, um nirgends auf die weiße Farbe zu treten. Sie fanden, dass alles sehr gut aussah, und waren froh, dass jetzt auch Verkehrsschilder dastanden. Sie schauten auch zu den Pollern mit den Fähnchen und sahen dann erst, was an der Wand stand.

»HIER SCHLÄFT JUSS«, las Oma Mu laut vor. Sie zog die Augenbrauen hoch und schaute zu Juss. »Was hat dein Vater dazu gesagt?«

Juss zuckte die Achseln.

»Wieso?«, fragte er. »Nichts.«

Die letzte Schwimmerin

Eine Woche später.

Frau Bakker kam vom Bauernhof *Seltenruh* angelaufen, die große glänzende Leiter über der Schulter, und ging quer über die Straße zum Fluss.

Juss und Amber hatten geschwommen und saßen auf dem Steg. Sie schauten zu, wie die alte Bäuerin die Leiter ins Wasser ließ, hinabstieg und wegschwamm.

In der Ferne raste ein Motorboot voller junger Männer heran, mit aufgedrehtem Motor. Sie tranken Bier und passten nicht auf.

Von der anderen Seite näherte sich ein Frachtschiff.

»Gib acht!«, sagte Amber. Nur Juss konnte sie hören.

Er stand auf und Amber auch.

Plötzlich entdeckte einer der Jungen in dem Motorboot die Badekappe mit den Blumen. Vielleicht dachte er einen Moment lang, ein Ball würde auf dem Wasser treiben.

Dann wurde ihm klar, dass da jemand schwamm.

Er stellte sich hin, ließ seine Bierdose fallen und riss

das Steuer herum. Die anderen Jungen stürzten und schrien.

Mit heulendem Motor wendete das Boot und fuhr um Frau Bakker herum. Sie kniff Augen und Mund fest zu wegen der hohen Welle, die auf sie zurollte und ihr ins Gesicht schwappte.

Armzug, Beinschlag, ganz langsam, immer geradeaus …

Mitten im Fluss hielt sie mit den Füßen paddelnd inne und wartete, bis das Frachtschiff vorbei war. Danach schwamm sie zum Steg. Die Leiter stand noch im Wasser. Frau Bakker tickte nicht an und schwamm nicht wie immer zurück, sondern kletterte aus dem Wasser.

»Das Motorboot … das wäre fast mit Ihnen zusammengestoßen!« Amber war vor Schreck noch ganz blass und Juss hatte Pudding in den Beinen.

Die alte Bäuerin ging nicht darauf ein. »Würdet ihr mir einen Gefallen tun und eure Oma rufen, und Chris und Arie und seine Frau?«

Das war etwas Besonderes, das spürten sie. Es war nicht einfach eine Bitte. Sie schauten sich an und rannten sofort los.

Amber rannte zu Onkel Arie und Tante Eva. Juss zu Opa Gurrgurr. Der saß im Schatten auf einem der Esszimmerstühle und hielt Schlamperle auf dem Schoß, sein dickes braunes Huhn.

»Opa! Frau Bakker möchte dich sprechen!«, rief Juss.

Opa schaute erstaunt auf. »Mich?«

»Ja! Sie hat gesagt, dass ich Chris holen soll.«

»Ja, Chris, das bin ich«, sagte Opa Gurrgurr.

Langsam stand er auf und schaute, wo er Schlamperle absetzen konnte.

»Schlamperle fühlt sich nicht wohl.«

Schließlich setzte er das Huhn auf den Stuhl, von dem er gerade aufgestanden war.

»Bleib nur hier, Mädchen«, sagte er zu ihr. »Ich bin ja gleich wieder da.«

Oma Mu, Onkel Arie und Tante Eva kamen aus ihren Häusern. Frau Bakker saß mit dem Rücken zu ihnen auf dem Steg. Sie schaute zum anderen Ufer, zu dem durchhängenden Dach des Bauernhofs, auf dem sie geboren war, Bauernhof *Seltenruh*.

Oma Mu rannte los. »Alles in Ordnung?«, rief sie. »Ist dir nicht gut? Komm ruhig rein. Möchtest du Kaffee? Oder Tee? Soll ich jemanden anrufen?«

Walter und Zaza saßen vor dem Haus und hörten ihre Rufe. Sie standen auf und kamen auch herbei. Und auch Onkel Jordan und Tante Fien kamen raus. Und sogar Isabel.

»Ich möchte euch nur erzählen, liebe Familie van Rijn«, sagte Frau Bakker, »dass wir umziehen.«

Zaza bückte sich, nahm Juss' Badelaken und legte es sorgsam über Frau Bakkers mollige weiße Schultern.

Es war überhaupt nicht kalt. Trotzdem nickte Frau Bakker dankbar.

»Ihr zieht um?«, wiederholte Oma Mu.

»Ja, Greet. Wir ziehen in die Stadt, in ein Appartement mit einem schönen großen Balkon mit Ausblick. Wir haben unser Land verkauft. Auf einem Teil der Straße zur Máxima-Brücke hin wird schon gebaut. Der Bauernhof selbst ist nichts mehr wert. Aber für unser Land haben wir eine Menge Geld bekommen. Und jetzt haben wir den Hof und das Grundstück auch verkaufen können, an einen Mann aus Amsterdam. Den Bauernhof reißt er ab und auf dem Grundstück baut er eine Villa mit einem Bootshaus.«

Die Erwachsenen redeten jetzt alle durcheinander.

Isabel ging weg und schrieb auf ihrem Handy. Juss und Amber schlenderten auch weg und landeten ganz von selbst wieder hinter Opa Gurrgurrs Haus.

Schlamperle saß noch auf dem Stuhl. Sie sah krank und schwach aus.

»Opa Gurrgurr kommt gleich wieder, ja?«, sagte Amber zu ihr.

»Wie alt werden Hühner?«, fragte Juss. Schlamperles Augen waren matt und der rote Kamm auf ihrem Köpfchen hing herab wie eine Pflanze, die ganz viel Durst hat.

»Ich weiß es nicht«, sagte Amber.

Juss lag im Bett und Zaza saß neben ihm.

»Mama, glaubst du, dass es anderswo noch eine alte Frau

gibt, die mit einer Leiter zum Fluss geht und dann hin und her schwimmt?«, fragte Juss.

»Vielleicht«, sagte Zaza zögernd.

»Mit einer Badekappe auf dem Kopf?«

»Ich glaube, dass Frau Bakker die letzte Badekappe im ganzen Land gehört«, sagte Zaza lächelnd.

»Oma Mu musste ein wenig weinen, wegen Frau Bakker.«

»Ja …«, sagte Zaza leise.

Dann küsste sie ihn und stand auf.

»Schlaf schön, mein Schatz.« Und sie ging runter.

Juss konnte nicht schlafen.

Eine Kuh muhte auf der Weide. Ein Hund bellte.

Ein Lastwagen fuhr vorbei.

Walter hatte über seinem Bett ein Museumsbrett angebracht, genau wie Juss es wollte. Alle alten Sachen standen darauf und es war sogar noch Platz.

Er stieg aus dem Bett und durchwühlte die Taschen seiner Shorts, die auf dem Stuhl lag. Da war etwas drin, das er am Steg gefunden hatte. Es lag dort noch, als Frau Bakker schon wieder ans andere Ufer geschwommen war.

Eine Blume. Eine verlorene Badekappenblume.

Juss kniete sich auf sein Bett und legte die Badekappenblume zu den anderen Sachen auf sein Museumsbrett.

Auf Wiedersehen, Schlamperle

Am nächsten Morgen liefen Juss und Amber genau gleichzeitig nach draußen, weil da ein komisches Geräusch war.

Sie rannten an den Häusern von Oma Mu und Onkel Arie vorbei und sahen Opa Gurrgurr, der mit Schlamperle auf dem Arm am Radweg auf und ab ging. Er jammerte ganz fürchterlich.

Eine Frau war von ihrem Fahrrad abgestiegen und traute sich nicht, an ihm vorbeizufahren

»Opa!«, rief Juss. »Was ist passiert?«

»Schlamperle ist tot.« Opa fing wieder an zu jammern.

Amber winkte der Frau. »Fahren Sie nur weiter. Er tut nichts.«

Die Frau stieg wieder auf und strampelte so schnell wie möglich an Opa Gurrgurr vorbei.

»Komm nur mit zu Oma, Opa.« Juss wollte Opa an die Hand nehmen, aber das ging nicht, weil Opa Schlamperle mit beiden Händen festhielt. Zum Glück kam er von selbst mit. Oma Mu war noch nicht angezogen. Sie trug ihren Bademantel und ihre Haare waren noch ganz wirr vom Schlaf.

Normalerweise hätten Juss und Amber sie so früh nicht gestört, weil alle wussten, dass sie ein schrecklicher Morgenmuffel war, bis sie ihren Kaffee getrunken hatte.

»Was denn jetzt schon wieder?«, schnauzte sie. »Es ist verflixt noch mal noch nicht mal acht Uhr.«

»Schlamperle ist tot«, sagte Opa Gurrgurr weinerlich und da seufzte sie. »Na, dann komm schon rein.«

Opa Gurrgurr wollte Schlamperle auf Omas Küchentisch legen, aber das gefiel Oma nicht. »Weg mit diesem toten Huhn, bist du jetzt völlig verrückt geworden!«, rief sie.

Opa Gurrgurr schaute sich hilflos um. »Ja, aber … wo soll ich sie denn …«

»Jetzt hör mal zu, Chris«, sagte Oma. »Das Huhn ist tot. Es war alt.«

»Ja, alt«, wiederholte Opa Gurrgurr.

»Sie hat ein schönes Leben gehabt«, sagte Amber schnell.

»Und alle anderen Hühner waren ihre Freunde«, fügte Juss hinzu.

Amber schaute ihn an und verzog das Gesicht. »Freundinnen«, verbesserte sie ihn.

»Und leider ist sie zu zäh für die Suppe«, sagte Oma grausam.

»Oma, nicht!«, riefen Juss und Amber gleichzeitig.

»Sie ist tot«, sagte Opa Gurrgurr.

»Sollen wir sie begraben und dann Blumen auf ihr Grab

legen?«, schlug Amber vor. »Und dann beten, dass sie in den Himmel kommt?«

»Gott behüte!«, knurrte Oma Mu.

Juss und Amber schoben Opa Gurrgurr wieder nach draußen. So früh am Morgen war Oma einfach nicht zu gebrauchen.

»Komm nur, Opa«, sagte Juss. »Komm nur mit uns.«

»Koch du lieber Kaffee, Oma«, sagte Amber. »Wir kümmern uns schon.«

Hinter Opa Gurrgurrs Haus hob Juss zwischen den Brennnesseln ein Grab aus. Zum Glück hatte er daran gedacht, erst zu Hause seine Gummistiefel anzuziehen.

Amber pflückte Blumen am Fahrradweg. Opa Gurrgurr jammerte nur noch leise und trat von einem Fuß auf den anderen, während er Juss zusah.

Juss war fertig mit Graben. Es war eine ziemlich tiefe Grube geworden, weil Schlamperle viele Federn hatte und darum groß und dick war.

Als Opa Gurrgurr sich bückte und sie in ihr Grab legte, wirbelten eine große Feder und ein paar flaumige Brustfederchen auf den Boden. Juss hob sie auf.

Amber kam mit einem großen Blumenstrauß angerannt.

Jetzt, da Opa Gurrgurr Schlamperle nicht mehr festhalten musste, griff er nach der Schaufel und bedeckte das Huhn mit Erde.

Amber legte ihre Blumen auf den kleinen Hügel und Juss steckte die Federn in die lockere Erde.

»Möchtest du noch was sagen, Opa?«, fragte Amber.

»Nein«, antwortete Opa.

Er reichte Juss die Schaufel und ging weg. Kurze Zeit später hörten sie ihn mit der Futterdose klappern und seine Tauben flogen mit schwingenden Flügeln herbei.

»Auf Wiedersehen, Schlamperle«, sagte Amber schließlich und drehte sich dann sofort um und ging zum Radweg. »Darf ich bei dir frühstücken?«, rief sie über die Schulter. »Mein Magen knurrt wie ein unzufriedener Bär.«

Juss rannte mit der Schaufel hinter ihr her.

»Ich glaube schon«, sagte er.

Sie gingen an Oma Mus Haus vorbei. Die Küchentür war wieder zu. Oma Mu trug noch immer ihren Bademantel. Sie saß am Küchentisch und trank Kaffee. Dampf stieg aus ihrem Becher empor, sodass ihr Gesicht glänzte, als würde sie schwitzen.

Sie war in Gedanken versunken und sah sie nicht vorbeikommen.

Nach dem Abendessen wurden Juss und Amber von Tante Joke abgeholt, einer Schwester von Oma Mu.

Tante Joke hatte einen Streichelzoo. Sie verkaufte dort Eis und man konnte basteln und Pfannkuchen essen im Stall, der mit Fähnchen dekoriert war. Kinder ritten auf Ponys und streichelten Ziegen und sie feierten Geburtstage im Heuhaufen.

Jede Sommerferien durften Juss und Amber sie eine Woche besuchen und das fanden sie immer noch großartig.

Zaza gab Juss seine Reisetasche und umarmte ihn und Walter kratzte zum Spaß mit seinem Stoppelbart über Juss' Wangen.

Onkel Jordan und Tante Fien umarmten Amber und dann kamen alle noch schnell vorbei, um sich zu verabschieden. Sogar Isabel.

Opa Gurrgurr bemerkte erst, dass sie weggingen, als Tante Joke laut hupte und ganz langsam hinter seinem Haus vorbeifuhr.

Er kam auf die Straße gerannt, bückte sich, um ins Auto zu schauen, und fing dann an zu lachen.

Amber und Juss knieten sich auf die Rückbank und winkten ihm zu. Sie winkten, bis sie ihn nicht mehr sehen konnten und Tante Joke sagte, sie sollten sich richtig hinsetzen und sich anschnallen.

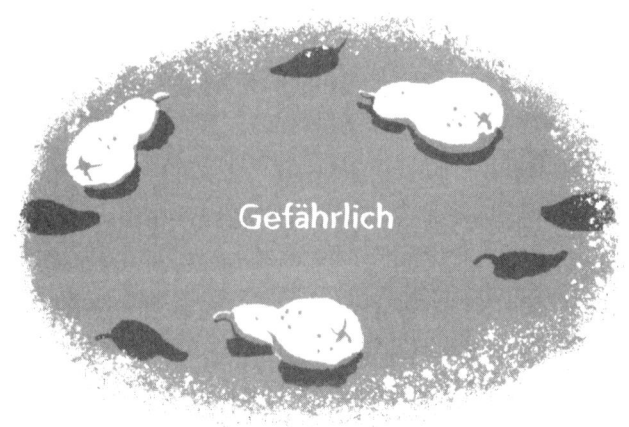

Gefährlich

Eine Woche später, am Abend nach einem flimmernd heißen Sommertag, brachte Tante Joke Juss und Amber wieder nach Hause.

Fast die ganze Familie saß draußen unter den Birnbäumen.

»Und, wie war's?«, fragte Zaza, nachdem sie Juss fest an sich gedrückt hatte.

»Schön war's«, erzählte Juss. »Wir sind auf den Ponys geritten und haben den Stall ausgemistet, die Ziegen gefüttert und fast jeden Tag Pfannkuchen und Eis gegessen.«

Walter und Onkel Jordan mussten lachen, aber Oma Mu schaute streng, mit hochgezogenen Augenbrauen.

Tante Joke warf ihr einen Blick zu und zuckte die Achseln. »Ja, was denn, die Kinder haben Ferien, oder etwa nicht? Da koche ich keinen Kohl.«

»Dürfen wir noch kurz schwimmen?«, fragte Amber.

Die Erwachsenen hatten gerade kalte Getränke vor sich stehen und Tante Joke hatte noch alles Mögliche zu erzählen, also durften sie.

»Die Leiter steht noch da«, sagte Walter.

»Immer schön am Ufer bleiben, ja?«, ermahnte sie Zaza.

»Und keinen Unfug machen«, sagte Tante Fien.

»Genau!«, sagte Oma Mu.

Einen Moment später rannten Juss und Amber über den Steg. Die Sonne war endlich untergegangen. Es war windstill. Nicht die leiseste Brise bewegte die Blätter der hohen Bäume hinter Opa Gurrgurrs Haus oder die Blätter der Birnbäume.

Sie sprangen in den stillen Fluss, auf dem grüne Algen trieben. Ab und zu fuhr ein Bötchen mit Leuten vorbei, die lachten und redeten. Manchmal ertönte Musik. Auf einigen Bötchen stand eine Öllampe mit einem flackernden Flämmchen. Auf einem der größeren Schiffe baumelte am Mast eine Lichterkette und jemand spielte auf einer Mundharmonika. Es war schön, wieder zu Hause zu sein.

Nach einer Weile kletterten sie aus dem Wasser und setzten sich auf das noch warme Holz vom Steg.

Und dann erst sahen sie es.

Am anderen Ufer klaffte ein großes Loch.

Ein Loch, das nur aus Dunkelheit bestand, ohne Mondlicht auf dem Dach und dem Grundstück.

Ein dunkles Loch ohne Außenlaterne am Stall und hell erleuchtete Fenster.

Bauernhof *Seltenruh* war nicht mehr da.

Die Ställe waren nicht mehr da.

Die Pappeln waren nicht mehr da.

Sogar der kleine Zaun oben am Grundstück war weg.

Das Ruderboot lag auch nicht da. Onkel Arie musste damit unterwegs sein.

Sie durften nicht ans andere Ufer schwimmen. Niemals. Sie mussten immer am Rand auf ihrer Seite bleiben. Sie hatten es versprochen.

Der Fluss war kein wilder Fluss, so wie Flüsse in den Bergen. Zu beiden Seiten waren Kaimauern. Es gab nie hohe Wellen. Man konnte kaum sehen, dass das Wasser strömte. Aber es strömte. Vor allem in der Mitte.

Sie schauten sich um.

Das Licht in Ambers Küche war an. Sie hörten Gelächter und Stimmen.

Sie schauten sich an.

»Es ist schon spät. Jetzt fahren keine großen Schiffe mehr«, sagte Juss.

Sie ließen sich ins Wasser gleiten und schwammen los.

»Ich rette dich, wenn du ertrinkst, und du rettest mich, okay?« Juss bekam Wasser in den Mund.

»Nicht reden, weiterschwimmen!« Amber zog an ihm vorbei. Ein paar Boote waren noch unterwegs, auf dem Weg nach Hause oder zu einem Hafen. Immer wieder mussten sie auf der Stelle treten, dicht nebeneinander und sehr still, damit niemand sie bemerkte.

Am anderen Ufer war es schwierig, aus dem Wasser zu gelangen. Der dicke Holzbalken an der Kaimauer war glitschig und voller Enten- und Möwendreck. Sie hatten nicht daran gedacht, dass hier keine Leiter stehen würde.

Amber schaute sich besorgt um. Zum Glück stand noch niemand auf dem Steg und spähte übers Wasser.

»Mach eine Räuberleiter und dann hievst du mich nach oben«, schlug Amber vor.

Juss faltete die Hände zu einem Körbchen, Amber stellte ihren Fuß hinein und er drückte sie hoch, so fest er nur konnte. Als er wieder auftauchte, sah er nur noch ihre zappelnden Beine.

Als Amber endlich an Land war, drehte sie sich um, legte sich auf den Bauch und streckte die Hände nach ihm aus. Er griff danach und sie zog ihn hoch, bis er selbst weiterklettern konnte.

Autos rasten mit offenen Fenstern vorbei und Musik wehte ins Freie.

Als sie endlich barfuß über den warmen Asphalt die Straße überquert hatten, standen sie auf einer sauberen, grauen Sandfläche.

Sie schauten hinab, zu der Stelle, wo der Bauernhof von Herrn und Frau Bakker gestanden hatte.

Da war nichts mehr.

Da war nichts mehr übrig von den Gebäuden, nichts mehr übrig vom Grundstück. Nicht das kleinste Restchen Zaun war noch da.

Sogar der Pfahl, an dem der grüne Plastikbriefkasten gehangen hatte, war weg.

Sie liefen den Hang hinunter.

Da lag nicht der kleinste Holzspan mehr vom Hühnerstall. Keine einzige Feder und kein Maiskorn. Keine Wäscheklammer am Boden, wo die Wäschespinne gestanden hatte. Keine Scherbe einer Dachpfanne. Kein Kies. Nichts.

Als hätte es Bauernhof *Seltenruh* niemals gegeben.

Als wäre Frau Bakker nie mit ihrer Leiter nach oben gekraxelt, um die Straße zu überqueren und ihre Bahnen im Fluss zu ziehen.

So schnell sie nur konnten, schwammen sie zurück. Dreimal mussten sie auf vorbeifahrende Boote warten und einmal auf ein Rennboot, das viel zu schnell fuhr und mächtig hohe Wellen schlug.

Jemand kam an den Steg.

Jemand schaute übers Wasser.

Erst konnten sie nicht sehen, wer es war, aber dann leuchtete Isabels Gesicht auf, weil sie auf ihr Handy schaute.

»Es ist Isabel.« Amber lag immer tiefer im Wasser und hatte schon ein paar Mal Wasser geschluckt.

Juss nickte nur.

Isabel sagte erst nichts, als sie auf den Steg kletterten und sich keuchend ausruhten. Mit flinken Fingern schrieb sie eine Nachricht und es schien, als würde sie nicht mal sehen, dass sie dort saßen.

Dann schob sie ihr Handy in die Tasche ihrer Shorts und sagte: »Macht das nie wieder! Schwimmt nie wieder ans andere Ufer! Boote, die schnell fahren, sehen eure Köpfe nicht. Erst recht nicht im Dunkeln. Und in der Flussmitte sind starke Strömungen.«

Amber und Juss nickten nur.

Da sagte Isabel: »Ihr wart wütend auf Papa und Walter, als sie euch nicht vertraut haben. Sie mussten sich bei euch entschuldigen.«

Juss spürte, dass er rot wurde.

»Ja, aber …«, fing er an.

»Das war anders …« Amber klang weinerlich.

»Ich verrate euch nicht, aber ihr dürft das wirklich nie wieder machen!« Ganz kurz war Isabel Oma Mu sehr ähnlich. Dann ging sie mit ihrem Handy weg und schaute sich nicht mehr um.

Ganz ehrlich nicht

Walter und Onkel Jordan machten Urlaub. Zaza und Tante Fien auch. Morgens saßen sie ewig lang mit einer Tasse Kaffee unter den Birnbäumen. Nachmittags spielten sie ab und zu mal eine Runde Fußball oder Badminton und danach schwammen sie im Fluss.

Sie machten jeden Tag ein Nickerchen im Schatten und abends grillten sie.

Am Sonntag fuhren sie alle zusammen in die Stadt, um dort in einem Restaurant draußen unter einer bunten Lichterkette Pizza zu essen.

Nach zehn Tagen hatten sie genug davon. Walter und Onkel Jordan machten sich morgens wieder mit ihren Werkzeugkästen auf zum nächsten Dorf und auch Zaza und Tante Fien gingen wieder zu ihrer Arbeit im Supermarkt.

Amber und Juss setzten sich ins Ruderboot, das am Steg festgebunden war, und ließen es hin und her schaukeln.

Am anderen Ufer fuhren lärmige Maschinen und ein Kran auf der Sandfläche herum, auf der noch vor Kurzem Bauernhof *Seltenruh* gestanden hatte. Männer in neonorangen Westen und mit Schutzhelmen auf dem Kopf liefen hin und her. Manchmal blieben sie stehen und berieten sich. Manchmal machten sie etwas. Was genau, konnte man nicht erkennen.

Ein Junge kam auf einem Fahrrad angefahren. Ein großer, schwarzer Junge. Er stieg ab, lehnte das Rad an einen Birnbaum und schaute sich ein wenig verlegen um.

»Suchst du jemanden?«, fragte Juss.

Noch bevor er antworten konnte, kam Isabel schon nach draußen. Sie nahm ihr Fahrrad und lachte den Jungen an.

»Hallo, Ronnie!«

Amber rannte zu ihr. »Ist das dein Freund, der so feste küsst?«, rief sie.

»Halt die Klappe, du kleines Miststück«, sagte Isabel und schubste sie feste.

Amber fiel auf den Hintern ins Gras, blieb sitzen und schaute ihrer Schwester nach, die mit dem Jungen Richtung Dorf wegfuhr.

»Wir fahren den beiden hinterher! Die gehen an der Dorfbrücke schwimmen, wetten?«, sagte Amber grimmig zu Juss.

Sie nahmen ihre Räder und folgten Isabel und dem Jungen.

Nach zehn Minuten erreichten sie die lange Dorfstraße. Es wurde schon wieder richtig heiß. Die Leute, die ihre Fenster weit aufgerissen hatten, um die kühle Morgenluft reinzulassen, machten sie jetzt zu und ließen die Rollläden runter.

Sie fuhren am Imbiss vorbei, der noch geschlossen war.

Sie fuhren an der Auffahrt zum Friedhof vorbei, die von

den braunroten Blättern der alten Buchen bedeckt war, die dort standen.

Die Dorfbrücke lag hinter der Kurve. Zu beiden Seiten standen Ampeln, weil es eine alte Brücke war, zu alt und zu schmal für all die Lastwagen und Betonmischer, die unablässig darüber hinwegdonnerten.

Das Verkehrsrauschen wurde von lachenden und schreienden Stimmen übertönt.

»Fahren wir weiter?«, fragte Juss. »Über die Brücke an Isabel vorbei? Damit sie uns sieht und sauer wird?«

Isabel durfte nicht an der Brücke schwimmen. Niemand durfte das. Es war gefährlich wegen der Schifffahrt. Aber die großen Mädchen und Jungen aus dem Dorf störten sich nicht an dem nervösen Brückenwärter. Sie sprangen immer wieder von der Brücke und den Pfählen zum Anlegen für die Schiffe ins Wasser. Alle gleichzeitig, direkt nacheinander und manchmal fast übereinander.

»Wir stellen unsere Fahrräder hier ab und spionieren sie aus«, entschied Amber.

Sie stellten ihre Fahrräder am Friedhof gegen einen dicken Baumstamm und gingen um die Kurve. Hinter ein paar Sträuchern im Vorgarten des Eckhauses blieben sie geduckt stehen.

Isabel stand in ihrem roten Bikini auf einem der Pfähle, Hand in Hand mit Ronnie.

Lauthals zählten sie rückwärts von zehn bis null und sprangen dann zusammen hinunter.

Die anderen Jungen und Mädchen jauchzten.

Amber und Juss sahen zu, wie sie unter der Brücke hindurchschwammen und an der Kneipe *Zur windigen Ecke* aus dem Wasser stiegen.

Über die Terrasse kletterten sie wieder die Brücke rauf, lachend und triefnass.

Die Kneipe war geschlossen. Die Terrassenstühle waren noch angekettet, es war noch nicht gefegt worden.

Der Brückenwärter würde die Polizei anrufen. Die Polizei würde kommen und die Jungen und Mädchen verwarnen und wegschicken und manchen von ihnen einen Strafzettel verpassen, wenn sie sie schon ein paar Mal verwarnt hatten.

»Die sind verliebt, Isabel und Ronnie«, stellte Amber fest.

Eigentlich gab es nichts auszuspionieren.

Sie hatten keine Lust, in der Hitze zu warten, bis die Polizei kam. Sie würden zu Hause sowieso nicht erzählen, dass Isabel an der Brücke schwamm. Schließlich hatte Isabel sie auch nicht verraten, als sie ans andere Flussufer geschwommen waren, um zu schauen, wo der Bauernhof von Frau und Herrn Bakker geblieben war.

»Komm, wir schauen mal, wo Jannemann begraben ist«, schlug Juss vor.

Sie gingen an ihren Fahrrädern vorbei über den schattigen Kiespfad und öffneten das quietschende Friedhofstor.

Mit dem Gefühl, etwas zu tun, was sie eigentlich nicht durften, gingen sie zwischen den Grabsteinen umher.

»Hier sind überall neue Steine.« Juss flüsterte.

»Jannemann ist schon lange tot. Wir müssen nach alten Grabsteinen suchen.«

Sie bogen in einen anderen Weg, kamen am Kriegsdenkmal vorbei und nahmen danach noch einen schmalen Pfad, der einen Bogen machte. Der Friedhof war groß.

»Sieh nur. Hier. Unser Nachname.« Juss blieb stehen.

Amber ging zu ihm.

Die Erde um eine Reihe von Grabsteinen, auf denen *van Rijn* stand, war ordentlich geharkt. Auf dem Grabstein von *Stephanus Jacobus van Rijn* stand eine Schale Geranien.

»Das ist Oma Mus Mann, oder?«, fragte Juss.

Amber nickte. »Der Vater unserer Väter. Unser toter Opa.«

Sie zeigte auf das größte Grab, auf dem auch eine Schale Geranien stand.

Margareta van Rijn, Johannes van Rijn, Jannemann.

»Der Opa und die Oma von unseren Vätern«, sagte Juss. »Und Jannemann.«

Amber sagte, dass bestimmt Oma Mu die Geranien hingestellt und ihnen Wasser gegeben hatte. Sie schluchzte: »Auf Wiedersehen, Jannemann. Chris lebt noch und er hat Tauben und Hühner und keiner hat dich vergessen.«

Juss wollte auch weinen, aber er konnte nicht.

Er griff nach Ambers Hand, bevor sie noch mehr weinte, und zog sie mit sich zu dem quietschenden Tor.

»Ich weiß, was wir jetzt noch machen können«, sagte er, um sie abzulenken. »Wir pflücken Blumen. Und dann fahren wir zu Frau Bakkers neuem Haus und schenken sie ihr.«

»Hey, Isabel! Deine kleine Schwester!«, rief eines der Mädchen auf der Brücke.

Isabel schaute sich um, nicht mal erstaunt, und kam zu ihnen.

»Was gibt's?«, fragte sie.

»Das Haus, in dem Frau Bakker jetzt wohnt, das ist doch das neue blaue Gebäude in der Stadt, an dem wir manchmal vorbeifahren, wenn wir mit Papa zum Baumarkt gehen?«, fragte Amber.

Isabel nickte. »Ja, da wohnen sie jetzt. Wollt ihr so weit fahren? Hat Oma das erlaubt?«

»Wir haben sie nicht gefragt«, sagte Amber betreten.

»Ich rufe Oma an, um es ihr zu sagen.« Isabel zeigte in die Ferne. »Fahrt hier entlang und dann zur Mühle, du weißt schon. Und dann durch den Polder. Das ist der kürzeste und sicherste Weg.«

Sie musste schreien, weil gerade ein großer Lastwagen vorbeifuhr.

Plötzlich stand Ronnie neben ihr und fasste sie am Arm. »Da hinten kommt die Polizei!« Und er schrie auch den anderen zu: »Polizei!«

Die großen Jungen und Mädchen fingen an zu johlen und zu schreien. Sie zogen sich gegenseitig aus dem Wasser, klaubten ihre Sachen zusammen, rannten zu ihren Fahrrädern und fuhren laut lachend im Zickzack weg. Isabel und Ronnie auch.

Nur eine nasse Spur blieb auf dem Asphalt zurück und ein rosa Flipflop.

Die Ampel unten an der Brücke sprang auf Grün.

Der Brückenwärter kam raus.

Ein Polizeiwagen fuhr über die Brücke und hielt an. Ein Polizist stieg aus und schaute zu Juss und Amber, die ganz allein dastanden, ihre Fahrräder neben sich.

»Ich nehme an, dass sie diese beiden hier nicht meinen?«, sagte er zu dem Brückenwärter. Er zwinkerte Juss und Amber zu.

»Nein, die jungen Leute sind schon wieder weg.« Der Brückenwärter ging zu dem Flipflop und hob ihn auf.

Autos fingen an zu hupen. Sie wollten über die Brücke und der Polizeiwagen stand im Weg.

»Kennt ihr die großen Jungen und Mädchen?«, fragte der Polizist. Er sah von Amber zu Juss.

Sie schüttelten die Köpfe und schauten auf den nassen Asphalt.

Der Polizist sagte nichts und wartete.

»Ich glaube, die kamen aus einem anderen Dorf«, sagte Juss dann. Und Amber sagte: »Die haben wir noch nie gesehen. Ganz ehrlich nicht.«

Wir von der anderen Seite vom Fluss

Juss und Amber fuhren so, wie Isabel gesagt hatte. An der Mühle vorbei, durch den Polder und über schmale Deiche, die nur Radfahrer benutzen durften, bis sie in der Ferne die ersten Häuser der Stadt sahen.

Das blaue Gebäude stand am Rand, ein paar Meter hinter den ersten Ampeln. Es war glänzend neu. Daneben wurden noch mehr Appartements gebaut. Überall standen Kräne, und hinter hohen Zäunen lag alles, was für den Bau gebraucht wurde.

Amber schaute angestrengt hinauf. »Wir wissen nicht, auf welcher Etage sie wohnen.«

Im Polder hatten sie zusammen einen dicken Blumenstrauß gepflückt. Schafgarbe, Rainfarn, rosa Kuckucksblumen und Klatschmohn.

Schlaff hingen die Blumen in Ambers Hand.

Juss schaute zu den Balkonen. Die Markisen waren heruntergelassen. Man konnte nicht sehen, was sich darunter abspielte.

Sie stellten die Räder gegen einen Laternenpfahl, schlossen sie ab und gingen zur Eingangstür. Neben einer Klingel mit einer Gegensprechanlage war eine Reihe Namensschilder befestigt. Sie suchten eine Weile, bis sie *A. M. J. Bakker* fanden.

Juss klingelte. Es dauerte ein wenig. Dann ertönte ein Krächzen und dann Frau Bakkers Stimme, als würde sie von einem Raumschiff aus antworten. »Wer ist da?«

»Wir von der anderen Seite vom Fluss!«, rief Amber.

Wieder dauerte es einen Moment. Dann summte das Türschloss. Schnell drückten sie die schwere Tür auf und gingen hinein. Ein Mann mit einem fröhlich mit dem Schwanz wedelnden kleinen Hund kam aus dem Aufzug. »Zu wem wollt ihr?«, fragte er.

»Zu den Bakkers«, antworteten Juss und Amber gleichzeitig.

»Die wohnen in der dritten Etage«, sagte der Mann.

Er ging nach draußen und der fröhliche kleine Hund tänzelte neben ihm her.

Frau Bakker lachte. »Da sieh mal einer an! Kommt rein, Kinder, kommt rein!«

Sie trat zurück, damit sie an ihr vorbeigehen konnten.

Alles in der neuen Wohnung war hell und bunt und neu und es roch nach gebackenem Kuchen und nicht nach Schimmel und Feuchtigkeit. Alles glänzte und nirgends waren Flecken drauf.

In der Küche stand eine Frau mit Schürze und machte den Abwasch. Ein leerer Küchenschrank stand weit offen.

»Miranda, Besuch vom anderen Flussufer«, rief Frau Bakker. Die Frau trocknete sich die Hände an ihrer Schürze ab und zwinkerte ihnen zu. »Ihr kommt genau rechtzeitig für meinen Zitronenkuchen«, sagte sie. »Gebt mir die Blumen nur. Die brauchen wohl dringend Wasser.«

»Miranda ist unsere Tochter«, sagte Frau Bakker. »Wir räumen gerade die Küchensachen ein.«

Herr Bakker saß im Wohnzimmer. Sein linkes Auge war mit einem besonderen Augenpflaster abgeklebt. Mit dem anderen Auge blinzelte er Amber und Juss zu.

»Ha, ich höre Jupp«, sagte er. »Und ein Mädelchen. Ist das deine Freundin?«

Juss wurde rot. »Nein, das ist doch meine Cousine!«

Amber war zum Glück ganz mit dem Pflaster beschäftigt.

»Was ist denn mit Ihrem Auge passiert?«, fragte sie.

»Ich wurde am Grauen Star operiert«, erzählte der alte Bauer. »Heute Nachmittag kommt das Pflaster ab und dann kann ich vermutlich wieder fernsehen und Farben sehen und lesen.«

Er schaute froh. Seine Wangen waren rot. Er trug ein gebügeltes gestreiftes Oberhemd und sah aus wie ein ganz normaler alter Mann, der nie auf einem eingestürzten Bauernhof gewohnt hatte, in den es hineinregnete.

Frau Bakker und Miranda kamen ins Zimmer.

»Hier, Limo für euch, mit Eiswürfeln. Und Kuchen«, sagte Miranda.

Juss und Amber setzten sich auf das Sofa, das auch funkelnagelneu aussah.

Frau Bakker stellte die Blumen auf den Esstisch und setzte sich auch.

»Wo sind Ihre Hühner eigentlich geblieben?«, wollte Juss wissen.

»Ach. Unsere Hühner, ja. Die sind jetzt bei meiner Schwester, die hat einen großen Garten.« Frau Bakker lächelte sie an und beugte sich vor. »Aber erzählt mal«, sagte sie. »Wie geht es eurer Oma, und Chris und dem Rest der Familie van Rijn?«

Auf dem Rückweg nahmen Juss und Amber einen falschen Radweg. Er hörte einfach nicht auf. Immer wieder fuhren sie über hohe kleine Deiche, und als endlich ein Dorf mit einem Kirchturm in Sichtweite kam, war es nicht das richtige Dorf und nicht der richtige Kirchturm.

Ihnen war warm. Sie hatten Durst. Ihre Gesichter waren verbrannt.

»Ich habe doch gesagt, dass wir den anderen Radweg nehmen müssen, den Weg über die kleine Brücke«, jammerte Amber.

»Aber da stand ein Zaun und da sind wir auf dem Hinweg nicht dran vorbeigekommen«, sagte Juss.

Am liebsten hätten sie beide laut geweint, aber es war niemand da, der es hören konnte, es würde also nichts nutzen.

Amber warf ihr Fahrrad hin und rutschte über das trockene braune Gras nach unten zum Kanal. Sie schmiss ihre Badelatschen hinter sich und ließ die Füße im Wasser baumeln. »Schön kühl!«, rief sie über die Schulter.

Juss setzte sich neben sie und hielt die Füße auch ins Wasser.

»Sollen wir schnell ganz reingehen?«, fragte er.

»Lieber nicht«, sagte Amber. »Vielleicht sind hier Hechte.«

»Oh ja.« Juss schüttelte sich. »Oder Aale. Oder Blutegel.«

Eine Frau, die vorbeifuhr, rief Onkel Jordan an.

»Sie kennen mich nicht, aber ich stehe hier neben zwei Kindern, die sich verirrt haben. Nicht weit entfernt von Woude. Sie sind ziemlich müde und durstig.«

Juss hörte Onkel Jordan. »Shit!«, sagte er klar und deutlich.

Die Frau musste lachen »Soll ich den beiden den Weg zu den Sportplätzen zeigen?«, fragte sie. »Dann können Sie sie dort abholen. Sie haben Räder dabei.«

Das war sehr nett von ihr und das fand Onkel Jordan natürlich auch, also sagte er höflich: »Entschuldigung. Ja, machen Sie das bitte. Und vielen herzlichen Dank, das ist sehr freundlich.«

Juss und Amber warteten im Schatten unter einem Baum am Rand der Sportplätze. Als das Auto mit klapperndem Anhänger voller Bretter und Werkzeug auf den Parkplatz holperte, sprangen sie auf.

»Ihr seid fast sieben Kilometer in die falsche Richtung gefahren«, sagte Walter, als er ausstieg. Er schüttelte den Kopf.

Er hob die Räder in den Anhänger und stieg wieder ein.

Juss und Amber kletterten auf die Rückbank. Sie fuhren nach Woude, dem falschen Dorf mit dem falschen Kirchturm. Die Kirche stand auf einer Anhöhe, zwischen dicken alten Platanen. Im Schatten der alten Bäume lag eine Einkaufsstraße mit einer Eisdiele.

Onkel Jordan kaufte vier riesige Hörnchen mit Sahne. Auf einer Bank unter einer der alten Platanen mussten sie blitzschnell lecken, weil das Eis sofort zu schmelzen anfing.

»Wir waren bei Frau und Herrn Bakker, um ihnen Blumen zu bringen. Sie sind total glücklich. Alles in ihrer Wohnung ist ordentlich und neu«, erzählte Juss, als sein Mund nicht mehr zu trocken zum Reden war.

»Tut uns leid, dass ihr uns abholen musstet«, sagte Amber.

»Ach«, meinte Onkel Jordan. »Das war lieb von euch, Blumen vorbeizubringen.«

»Und zum Arbeiten ist es sowieso viel zu heiß«, sagte Walter.

Es tut mir leid

Juss war so müde von der Hitze und der langen Fahrradtour, dass er nach dem Essen schon fast auf dem Sofa vor dem Fernseher einschlief. Eine Weile blieb er noch sitzen und nickte immer wieder ein, bis Zaza sagte, er solle lieber ins Bett gehen.

Sie ging mit ihm nach oben und blieb bei ihm, während er sich die Zähne putzte.

»Ich brauche keine Decke und auch keinen Schlafanzug«, sagte Juss gähnend. »Viel zu warm.«

Zaza lächelte und gab ihm einen Kuss, als er im Bett lag. »Gute Nacht, keine Sorgen und bis morgen«, sagte sie und streichelte ihm die Haare aus der Stirn, wie nur sie das tat. Ganz sanft.

Es geschah in dieser Nacht.

Es war noch sehr früh und noch halb dunkel. Rashaan, der Fahrer des Lastwagens, gähnte. Er war für einen Kollegen eingesprungen, der Urlaub hatte, und kannte diese Deichstraße nicht, aber vorläufig war er der Einzige hier.

Der Horizont färbte sich orange. Jeden Moment würde die Sonne aufgehen und wie eine Blutapfelsine ganz gerade nach oben in den Himmel schweben.

Die Fenster waren heruntergekurbelt und Rashaan genoss die frische Morgenluft auf seinem Gesicht und seinem Hals.

Er würde seine Ladung abliefern und sich dann einen Kaffee holen. Im Laufe des Vormittages würde er kurz seine Frau anrufen. Sein Töchterchen fühlte sich nicht wohl und hatte rote Flecken auf dem Bauch.

Aber erst mal frühstücken.

Seine Brotdose hatte er auf den Beifahrersitz gelegt.

Auf seinen Broten war Omelett. Er hatte sie gestern Abend schon fertig gemacht.

Er tastete neben sich.

Nanu, wo war die Brotdose denn geblieben?

Ein Hahn krähte.

In der Ferne stand eine Reihe Häuser. Dort regte sich nichts.

Alle schliefen noch.

Da stand ein Verkehrsschild mit einer 30 darauf, aber das sah Rashaan nicht.

War seine Brotdose auf den Boden gefallen?

Er beugte sich vor und tastete unter dem Beifahrersitz.

Mit großen weißen Zahlen stand da eine 30 auf der Straße, aber Rashaan sah sie nicht.

Aha! Da fühlte er etwas. Das musste seine Brotdose sein.

Ein gigantischer Knall, und Rashaans Brille wurde bis in sein Nasenbein gedrückt. Der Airbag an seinem Lenkrad löste aus und schwoll in Sekundenschnelle auf. Weißes Pulver rieselte wie Puderzucker durch die Fahrerkabine. Steine donnerten durch die offenen Fenster.

Rashaans Ohren piepten, sein Kopf wummerte im Rhythmus seines Herzens.

Steine und Schutt und ein Brett fielen in den Lastwagen. Ein altes Töpfchen. Ein Stück einer antiken Pfeife.

Eine seltsame Blume, eine Blume einer Badekappe, landete weich wie ein Kuss auf seiner verwundeten Hand, als wollte sie versuchen, das Bluten zu stillen.

Als Rashaan wieder zu Bewusstsein gelangte und die Augen öffnete, sah er einen Jungen. Auf dem Jungen lagen Mauerbrocken und Stücke von einem Dach, aber sein Gesicht und sein Hals waren frei. Der Junge blutete aus Nase und Ohren und schaute panisch.

Eine Frau kniete neben ihm auf dem Schutt. Sie schrie.

»Jus – sef!«

Ein Mann kam mit Wasser angerannt. Er weinte.

»Jus – sef!« Sie streckten die Arme nach dem Jungen aus.

»Es tut mir leid«, flüsterte Rashaan.

»Es tut mir so leid. Es tut mir furchtbar leid. Ich wollte nur … nur meine Brote … Was habe ich getan? Hilf diesem Jungen. Allah. Ich flehe dich an. Hilf diesem Jungen!«

Alle Bewohner der Häuserreihe kamen in Unterwäsche oder im Nachthemd nach draußen gerannt.

Onkel Jordan brüllte und riss an der Küchentür, die ganz verbogen war und klemmte, weil die Hälfte der Rückwand eingestürzt war.

Er bekam sie nicht auf und konnte nicht hinein.

Amber ließ sich auf den Knien ins Gras fallen. »Juss!«, schrie sie.

Isabel rief die 112 an und erzählte weinend, dass ein Lastwagen in das Haus ihres Onkels gefahren war.

Oma Mu betete. Sie betete zu Gott, Jesus und Maria und machte ein Kreuzzeichen, während sie zu Tante Fien schaute, die, so fest sie nur konnte, an Onkel Jordan zerrte und schrie, er solle nichts anfassen. Das Häuschen könnte noch weiter einstürzen und Juss und Walter und Zaza waren da drinnen!

Onkel Arie und Tante Eva standen barfuß auf dem Radweg und hielten sich gegenseitig fest. Sie zitterten, als wäre ihnen kalt, und sahen blass und alt aus.

Opa Gurrgurr stand ein Stück entfernt am Haus von Oma Mu und wiegte sich hin und her. »Oje«, jammerte er weinend. »Oje, oje, oje.«

Dann ertönten in der Ferne Martinshörner und das Geräusch rennender Gummistiefel vom Grundstück von Bauer Maria. Da waren sie auch von dem Knall und den Schreien aufgewacht.

Sofia rannte im Nachthemd auf die Straße und winkte wild mit beiden Armen über dem Kopf. »Hier auf den Radweg fahren! Hier auf den Radweg fahren!«, schrie sie dem Krankenwagen zu.

Bauer Maria hielt das Feuerwehrauto auf. »Es geht um das

erste Häuschen. Nicht näher kommen. Alles kann noch weiter einstürzen. Nicht näher heranfahren!«

Rashaan schaute zu Juss. Juss schaute zu Rashaan.

Nicht sterben, dachte Rashaan zu Juss.

Nicht sterben, dachte Juss zu Rashaan.

Einsturzgefahr

Mit quietschenden Reifen und heulenden Sirenen fuhren die Rettungsfahrzeuge über den Deich. Feuerwehrleute sprangen aus ihren Wagen und rannten zur Hintertür. Polizisten und Sanitäter rannten zur Familie und fragten Oma Mu, wie viele Menschen in dem Häuschen waren.

»Drei!«, antwortete Oma Mu händeringend. »Mein Enkel in dem kleinen Zimmer zur Straße und mein Sohn und seine Frau hier an der Rückseite!«

Als die Feuerwehrleute sahen, dass das Häuschen jederzeit einstürzen konnte, berieten sie sich. Danach machten sie sich vorsichtig an die Arbeit und schafften es, die Hintertür aufzubekommen und hineinzugehen.

Nach einer Weile wurde Walter auf zittrigen Beinen von einem der Feuerwehrleute ins Freie geführt. Er blutete aus einer tiefen Schnittwunde in seiner Augenbraue und seine Hände und Arme bluteten, weil er an den scharfen Steinen gezerrt hatte. Ein Sanitäter setzte ihn auf die kleine Bank vor Ambers Haus und kümmerte sich um seine Verletzungen.

Walter zitterte und schaffte es nicht, damit aufzuhören. Er versuchte immer wieder, aufzustehen. »Ich muss bei Juss bleiben«, sagte er nur. »Ich muss zu Juss.«

Eine Polizistin fragte Oma Mu nach Walters Namen. Gemeinsam mit Oma und dem Sanitäter hielt sie ihn zurück. »Du bist da jetzt im Weg, Walter. Lass die Rettungskräfte ihre Arbeit machen«, sagte sie streng. »Deine Frau ist bei deinem Sohn. Er ist nicht allein. Mehr Leute können da jetzt nicht rein. Glaub mir, alle tun alles Menschenmögliche, mit der größten Vorsicht.«

Die Rettungskräfte erreichten Zaza und danach Juss, aber sie konnten ihn noch nicht unter dem Schutt hervorziehen. Eine Frau setzte ihm eine Sauerstoffmaske auf und gab ihm eine Spritze gegen die Schmerzen.

Die übrig gebliebenen Mauerstücke und das Dach mussten abgestützt werden, damit das Haus nicht weiter einstürzte. Dann erst konnte der Lastwagen mit einer Seilwinde aus dem Haus gehoben und Rashaan geborgen werden.

Er schaute zur Seite, als er auf einer Trage zum Krankenwagen gebracht wurde, und flüsterte den Menschen, die er sah, zu: »Es tut mir leid. Es tut mir leid!«

Endlich schafften sie es, die Schuttreste abzutragen, und Juss wurde auf einer Trage zu einem Krankenwagen gebracht. Ganz kurz sah er Ambers verweintes Gesicht.

»Juss!« Sie wollte zu ihm rennen. Tante Fien hielt sie fest und die Sonne, die inzwischen hoch am Himmel stand, schien ihm in die Augen. Dann wurde er in den Krankenwagen geschoben und er sah Amber nicht mehr.

Zaza setzte sich neben ihn und wollte nach seiner Hand greifen, aber sie traute sich nicht, weil sein Arm so komisch dalag.

Walter kletterte auch hinein. Er sah aus wie ein halber Zombie, mit Verband um den Kopf und seine Hände.

Als der Krankenwagen mit Juss, Walter und Zaza darin wegfuhr, waren noch immer Fahrzeuge der Polizei und der Straßenarbeiter mit Blaulichtern da.

Tante Fien versuchte, Amber zu beruhigen.

Oma Mu wollte für alle Kaffee machen. Ihre Hände zitterten. Sie war so durcheinander, dass sie kleckerte und heißes Wasser über sich goss.

Sofia kam rein und sagte, sie solle sich hinsetzen. Sie würde für den Kaffee sorgen.

Bauer Maria ging weg, um seine Kühe zu melken.

Tante Eva sagte, sie würde sich schnell was anziehen.

Onkel Arie tröstete Opa Gurrgurr.

In der Zwischenzeit hatte die Polizei rot-weißes Plastikband um das Haus herum gespannt und ein Schild auf einem Holzpfahl im Garten aufgestellt. Darauf stand:

> **Zutritt verboten**
> **Einsturzgefahr**

Onkel Jordan warf einen Blick darauf und ging dann auf dem Radweg hin und her. Er führte Selbstgespräche. »Walter und ich bauen die Mauern wieder auf. Dreifach verstärkt, mit Betonstahl dazwischen. Und die Dachrinne reparieren wir schon. Wir nehmen einfach ein paar zusätzliche Aufträge an. Und wenn wir Tag und Nacht arbeiten müssen. Wir waren öfter mal knapp bei Kasse. Es muss gar nicht mal viel kosten. Wir können alles selbst machen, mein Bruder und ich. Und ich weiß, wo es günstig Sicherheitsglas gibt. Und wir stellen neue Betonpoller auf ...«

Isabel rannte neben ihm her, immer wieder hin und her. »Natürlich, Papa. So macht ihr das. Onkel Walter und du, ihr baut alles wieder auf. Es muss gar nicht mal teuer sein. Und nächstes Jahr bin ich fünfzehn. Dann kann ich Regale im Supermarkt auffüllen und meine Handykosten selbst bezahlen. Und du kannst mein altes Skateboard verkaufen, das brauche ich doch nicht mehr.«

Da blieb Onkel Jordan stehen, schaute sie an und schwieg. Seine Augen füllten sich mit Tränen. Er ließ sich auf den Knien ins Gras fallen und verbarg das Gesicht in den Händen. Sich hin und her wiegend fluchte er ganz schrecklich und furchtbar lange.

»Sobald es geht, darfst du Juss besuchen, Schatz«, sagten Oma Mu und die anderen zu Amber.

Amber versuchte, sich zu merken, was alles passierte, damit sie es Juss erzählen konnte. Es kamen so viele Leute, dass sie ein Heft nahm und anfing, alles aufzuschreiben, weil es einfach kein Ende nahm.

Die Polizei kam. Und noch einmal, und noch einmal.

Jemand von der Versicherung kam, und noch einmal.

Jemand fuhr in einem Gemeindeauto vor. Er stieg aus

und ging über den Pfad zu Juss' Haus, mit einer Werkzeugkiste und noch mehr Warnschildern.

Eine Weile blieb er still dort stehen und schaute. Dann setzte er seinen Helm auf und schraubte noch mehr Schilder an die Küchenwand, die noch mehr oder weniger stand.

Amber rannte nach Hause, um zu erzählen, was sie gesehen hatte.

Als Onkel Jordan die Schilder sah, schüttelte er den Kopf und sagte ungläubig: »Und dann sind die auch noch völlig schief. So ein Pfusch. Zum Heulen!«

UNBEWOHNBAR

Betreten verboten
LEBENSGEFAHR
Einsturzgefahr

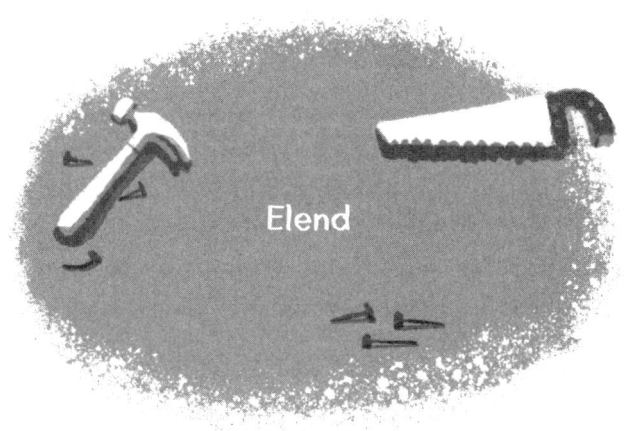

Elend

Tante Joke kam und der Rest der Familie van Rijn.

Alle sagten, wie furchtbar es sei und dass sie mit dem Hut rumgehen würden. Und alle wollten Kaffee mit Kuchen, sodass Oma Mu und Onkel Arie am Ende der Woche fast kein Geld mehr für normale Einkäufe übrig hatten.

»Warum wollen sie mit dem Hut rumgehen?«, fragte Amber Tante Eva, die sich im Gemüsegarten versteckt hatte, weil die Familie van Rijn sie ganz verrückt machte.

»Schscht!« Eva blieb auf den Knien hinter den grünen Bohnen sitzen und zischte Amber zu, sie solle sich auch hinhocken.

»Das bedeutet Geld für jemanden einsammeln. Man dreht den Hut um, gibt ihn weiter und alle tun was hinein«, flüsterte sie. »So jedenfalls hat man das früher gemacht. Heutzutage schickt jemand von der Familie bestimmt eine E-Mail oder so. Und dann überweisen hoffentlich alle einen Betrag auf ein Konto.«

Amber schrieb in ihr Heft, wer alles zu Besuch kam, bis sie einen Krampf in der Hand bekam:

- Ein Bau-Eksperte (Overall und Helm)
- Ein anderer Bau-Eksperte (mit Krawatte und Helm, zum Glück, weil Taube Beppie ihm auf den Kopf gekackt hat, haha)
- Jemand von der Gemeinde (Frau mit Helm)
- Noch jemand, der seinen Helm vergessen hatte und sagte, er würde sowieso aufhören zu arbeiten, weil ihn niemand ärnst nahm.
- Leute von der Zeitung. Sie kriechten einen Riesenschrecken, weil Opa Gurrgurr auf und ab sprang, mit den Armen fuchtelte und »Geht weg, geht weg!« rief.
- Ein Kamarateam von den Nachrichten. Die hatten zum Glück vorher angerufen. Um Opa Gurrgurr abzulenken, durfte er bei Onkel Arie und Tante Eva hinter geschlossenen Vorhängen Pfannkuchen essen.
- Also sah er nicht, wie sich die Leute draußen mit Oma Mu unterhielten.
- Leute vom Radio. Sie erzählten in ein Mikrofon, was sie sahen. Sie nahmen auch die Geräusche der Hühner und Tauben auf.
- Und das Plätschern vom Fluss. Und das Muhen von Bauer Marias Kühen.

Die schreckliche Nachricht über den Unfall verbreitete sich in der Umgebung wie der Geruch von gekochtem Blumenkohl. Radfahrer und Mopeds fuhren über den Radweg und blieben stehen, um sich das eingestürzte Haus anzusehen.

»Es gibt ein Wort für Leute, die kommen, um sich das Elend anderer anzuschauen«, sagte Onkel Arie zu Amber.

»Welches denn?«, fragte Amber.

»Katastrophentouristen«, sagte Onkel Arie und lief zu Opa Gurrgurr, um ihn zu beruhigen, denn er war schon wieder ganz durcheinander von den vielen Leuten.

Katastrophentouristen, notierte Amber in ihrem Heft.

Auch über den Deich fuhren Autos mit neugierigen Leuten ganz langsam vorbei, um das eingestürzte Haus zu sehen.

»Um Himmels willen!«, sagten sie zueinander. Und: »Stell dir nur vor, du würdest da wohnen!« Und: »Wenn einem so was passiert …«

Und sie lasen, was von dem übrig geblieben war, was Juss vorher auf das Stück Mauer geschrieben hatte, das noch nicht eingestürzt war.

Hier schläft …

Walter nahm Zaza in die Arme. Sie standen in der Dämmerung unter den Birnbäumen.

Es wehte stark und es nieselte.

Das Wasser des Flusses schwappte gegen das Ufer. Das nasse Gras klebte am Radweg und der Steg ächzte.

Walter wiegte Zaza.

»Alles wird gut«, flüsterte er in ihre Haare. »Unser Juss wird wieder ganz gesund. Er ist stark. Er schafft das.«

Zaza befreite sich vorsichtig aus Walters Armen und

starrte von ihm weg übers Wasser. Sie wollte ihn nicht an-schauen.

Walter hielt ihre Hand weiterhin fest, auch wenn sie ver-suchte, sie wegzuziehen.

»Ganz bestimmt, Zaza«, sagte er. »Du wirst es sehen. Alles wird wieder gut.«

Besuch

»Deine Eltern schlafen im Gästezimmer bei Onkel Arie und Tante Eva«, erzählte Amber. »Und Papa und dein Vater wollen Opa Gurrgurrs Haus renovieren. Dann zieht ihr da hin, weil da, wo euer Haus stand, da darf keiner mehr wohnen. Das ist zu gefährlich.«

Sie holte ihr Heft aus dem Rucksack und zählte auf, wer alles da gewesen war. Juss sah, wie stolz sie war, dass sie alles so gut aufgeschrieben hatte.

Er lag in seinem Krankenhausbett auf dem Rücken. Er konnte reden, aber er ließ es lieber bleiben. Fünf Rippen waren gebrochen und eine dieser gebrochenen Rippen hatte seine Lunge beschädigt. Sein eines Bein war gebrochen und auch ein Arm. Die waren aber eingegipst und taten nicht mehr weh. Und dann hatte er noch eine schwere Gehirnerschütterung. Und überall Prellungen und Schürfwunden.

Amber packte ihr Heft wieder weg und nahm ihre Filzstifte. »Ich mal dir ein Huhn auf deinen Gipsarm, okay?«

»Und wo soll Opa Gurrgurr dann wohnen?«, fragte Juss heiser.

Amber runzelte die Stirn. »Da, wo euer altes Haus stand, bauen Papa und dein Vater einen Schuppen, viel weiter weg von der Straße. Da kommen Opa Gurrgurrs Tauben und Hühner rein. Und an der Seite vom Fluss wollen sie an den Schuppen eine Art Gartenzimmer bauen, mit Fenstern und einem Ofen und ein paar von Opas Sachen, damit er sich da wohlfühlt. Abends darf er zu Oma Mu ins Haus und oben in ihrem Zimmer hinten schlafen. Früher darf er nicht reinkommen, sagt Oma Mu, weil er so ein Nervenbündel ist und sie das nicht überlebt.«

Juss musste eingeschlafen sein, Amber war weg, als er wieder aufschaute. Der Vorhang vor seinem Fenster war ein Stückchen zugezogen und auf seinem Gipsarm war ein komischer Filzstiftfleck, der einem Huhn nicht mal ein kleines bisschen ähnelte.

Statt Amber saß Isabel an seinem Bett.

»Guck mal«, sagte sie und zeigte ihm all die Fotos, die sie mit ihrem Handy gemacht hatte. Ein Foto von dem Lastwagen im Haus. Fotos von der Polizei, der Feuerwehr und dem Kran, der den Schutt weggeräumt hatte. Ein Foto des Lastwagens, wie er aus der Wand gehoben wurde. Fotos von dem eingestürzten Haus.

Ihre Fotos halfen Juss.

Sie halfen ihm zu verstehen, was geschehen war.

Isabel beruhigte ihn auch. »Ihr bekommt wahrscheinlich Geld von der Versicherung der Lastwagenfirma und so. Genug Geld, um Opa Gurrgurrs Haus ganz neu zu bauen, damit ihr darin wohnen könnt.«

Juss bekam Karten von der gesamten Familie van Rijn. Es waren so viele, dass sie nicht an die Pinnwand über seinem Bett passten. Die Krankenpfleger stellten sie auf der Fensterbank auf, bis auch die voll war.

Es kam auch eine Karte mit einem alten braun-weißen Foto von einem Bauernhof. Juss setzte sich ein wenig auf, um sie sich besser ansehen zu können. Auf der Fassade stand ein Name. *Seltenruh.*

Es war ein Foto von dem Bauernhof auf der anderen Seite des Flusses, aus einer Zeit, als das Dach noch ganz gerade war.

Es war ein Foto von einem Bauernhof, den es nicht mehr gab.

Lieber Juss, werde nur schnell wieder gesund, stand in altmodischen schrägen Buchstaben auf der Rückseite. *Herzliche Grüße von Frau Bakker.*

Herr Bakker hatte auch etwas dazugeschrieben. *Halt die Ohren steif, Jupp! Hoffentlich darfst du bald wieder nach Hause! Mein anderes Auge wurde auch operiert und darum kann ich das hier selbst schreiben. Bauer Bakker.*

Es kam auch eine Mitarbeiterin der Gemeinde. Sie war nett und gab Juss ein Geschenk, das ziemlich fest verpackt war, mit viel Klebeband. Er hatte Kopfschmerzen und ihm war übel und er schaffte es nicht, es auszupacken.

Also packte sie es für ihn aus. Es war ein Tablet.

»Wenn dir hier im Krankenhaus langweilig wird«, sagte sie. »Es ist ganz neu, ich habe nur ein paar Spiele draufgepackt, die mein Sohn auch gern mag. Dann kannst du gleich loslegen.«

Juss bekam Schmerzmittel und etwas gegen die Übelkeit.

Nach dem Essen kam Oma Mu mit Onkel Arie und Tante Eva. Sie brachte ein Schälchen mit den ersten Kochbirnen des Jahres mit.

Tante Eva brachte selbstgemachten Saft von den Johannisbeeren aus ihrem Gemüsegarten.

»Sauer, aber gesund«, sagte sie.

Oma fütterte Juss süße, saftige Birnenstückchen.

Währenddessen erzählte Onkel Arie von Opa Gurrgurr und den Pfannkuchen und dass Opa nichts von dem Kamerateam der Nachrichten mitgekriegt hatte.

Tante Eva schaltete den Fernseher ein. »Jetzt kommt's!«

Juss sah sein eingestürztes Haus und dann Oma Mu, die erklärte, dass sie sich schon seit Jahren beschwert hatten, weil die Straße viel zu nah hinter dem Haus verlief. Und dass sie erst vor Kurzem noch Betonpoller aufgestellt hatten. Sogar mit Fähnchen.

Die Interviewerin fragte, was Oma denn von der Máxima-Brücke hielt.

»Was ich davon halte? Diese Brücke hätte nicht so wahnsinnig groß werden müssen. Dann wären sie jetzt schon fertig gewesen. Und ansonsten bin ich der Meinung, dass diese Brücke ein Segen für uns ist, weil es dann auf der Deichstraße hinter unseren Häusern wieder ruhig wird.«

Die Interviewerin versuchte, noch eine Frage zu stellen, aber Oma Mu ließ sie nicht ausreden.

Sie hob den Zeigefinger und fuhr fort: »Aber für andere, für andere Leute ist diese Brücke ein Fluch! Für Bauer Maria hier hinter dem Deich zum Beispiel. Diese Familie betreibt hier schon seit über zweihundert Jahren Landwirtschaft und jetzt müssen sie weg, weil die Auffahrt zur Brücke auf ihrem Land liegt. Wir reden hier von biologischen, giftfreien Weiden, ja! Voller Insekten, Blumen, Vögel und Schmetterlingen!«

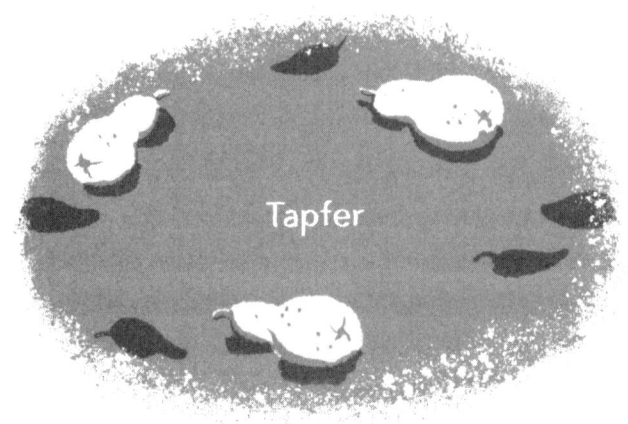

Tapfer

Natürlich kamen Walter und Zaza jeden Tag. Zaza sah schlecht aus, blass und dünn, und sie hatte verweinte, rote Augen.

Sie brachte Juss nette kleine Geschenke und Leckereien mit und küsste ihn und streichelte seine Wangen und sein Haar.

Immerzu lächelte sie ein tapferes Lächeln, das unheimlich aussah und ihr liebes Gesicht einer traurigen Faschingsmaske ähneln ließ.

Eines Tages kam Walter allein. »Zaza redet mit jemandem, um ihr Herz zu erleichtern«, sagte er. »Weißt du, Juss, das ist das zweite Mal, dass sie mit ansehen musste, wie ihr Haus einstürzt. Erst in Syrien und jetzt hier.«

Juss hatte wieder Kopfweh und nickte nur.

Aber er sah Zazas Herz vor sich, mit rotem Buntstift auf weißem Papier, an Omas Wäscheleine.

Es wehte sacht in der Brise hin und her, die über den Fluss strich. Es wehte dort und Walter bewachte es. Es wehte dort, bis der ganze Staub und die schrecklichen Gerüche herausgeweht waren und Zaza es wieder reinholen konnte.

Erst lag ein Mädchen bei Juss im Zimmer, aber sie durfte schon bald nach Hause. Danach blieb das Bett ihm gegenüber leer. Juss schlief viel. Er hatte nicht so viel Lust, irgendwas zu machen. Er mochte nicht lesen, malen, fernsehen oder Spiele auf seinem neuen Tablet spielen.

Es war schön, wenn Besuch kam.

Es war auch schön, wenn der Besuch wieder ging.

Er träumte nicht von dem Unglück und er dachte nie aus Versehen, dass er zu Hause war.

Wenn das Licht abends ausgemacht wurde und er schlafen ging, wusste er: Ich liege im Krankenhaus. Wenn er morgens aufwachte, wusste er es auch sofort wieder.

Er wollte noch nicht nach Hause.

Er merkte, dass er noch länger allein sein musste.

Er fühlte sich noch zu müde, um nach Hause zu gehen. Um wieder mit den anderen zusammen zu sein, die schon ein wenig laut waren.

Und wo sollte er auch hin? Sein Haus war nicht mehr da und Zaza trug immer diese gruselige Maske.

Also schlief und schlummerte er in seinem Krankenhausbett unter einer Bettdecke mit Robotern.

Auf seinem eigenen Bettbezug von zu Hause waren Dinosaurier drauf.

Aber den gab es nicht mehr.

Seine Bettdecke gab es nicht mehr.

Sein Bett gab es nicht mehr.

Sein Haus gab es nicht mehr.

Manchmal weinte er nachts.

Nicht zu feste, weil das wehtat.

Er weinte, wenn er an sein kleines Zimmer mit dem Museumsbrett dachte, und an alles, was kaputt war.

Er weinte, wenn er an Schwimmen im Fluss dachte, an Radfahren im Regen und Rennen mit dem Wind im Rücken.

Dann dachte er an einen Satz, den Oma Mu immer sagte: Alles geht vorbei. Ganz bestimmt. Er würde wieder gesund werden und bei Zaza und Walter sein. Und mit Amber in den Birnbaum klettern.

Eines Morgens, bevor die Herbstsonne goldgelb ins Zimmer schien, öffnete eine Krankenschwester die Tür und sagte: »Hier ist jemand, der dir etwas sagen möchte, bevor er nach Hause geht, Juss. Darf er kurz reinkommen?«

Juss nickte, weil er ja wohl kaum Nein sagen konnte.

Der Mann fühlte sich deutlich unwohl und war verlegen. Er hielt ein Päckchen in der Hand, das er Juss aber nicht gab.

Auf seinem Gesicht und seinen Händen klebten Pflaster und er hatte lauter Wunden, die schon mit einer Kruste bedeckt waren.

»Hallo, Jussef«, sagte er. »Ich möchte … du … Ich möchte dir sagen … Es tut mir leid. Ich bin Rashaan. Ich saß in dem Lastwegen …«

Da wusste Juss es wieder.

»Ich habe Sie gesehen«, sagte er.

»Und ich habe dich gesehen«, sagte Rashaan. »Es tut mir

so leid, mein Junge. Es tut mir so furchtbar leid, dass du verletzt bist und Schmerzen hast. Und es tut mir so leid wegen eurem Haus.«

»Nicht weinen«, sagte Juss. »Es ist nicht so schlimm. Sie haben es nicht absichtlich gemacht.«

»Nein, ich habe es nicht absichtlich gemacht«, sagte Rashaan weinend.

Juss wollte, dass er aufhörte zu weinen, weil er sonst auch weinen musste, und wenn er weinte, tat alles weh.

»Ist das Päckchen da für mich?«, fragte er darum.

Rashaan lächelte durch seine Tränen hindurch.

»Ja«, sagte er. »Hier. Für dich.«

Juss riss das Geschenkpapier ab. Er sah ein Töpfchen. Es war das Töpfchen, das Bauer Maria Amber und ihm gegeben hatte. Es war bis zum Rand mit Zuckerherzchen gefüllt.

»Das lag in meiner Fahrerkabine«, sagte Rashaan. »Sie haben es aufbewahrt, weil sie dachten, es gehöre mir. Ich hatte die Fenster offen, als ... als das Unglück geschah. Es muss aus deinem Zimmer in die Kabine gerollt sein. Meine Frau hat die Süßigkeiten da reingetan und ich habe einen Zettel hineingelegt, da steht meine Telefonnummer drauf. Du kannst mich jederzeit anrufen, wenn du etwas brauchst oder wenn ich etwas für dich und deine Eltern tun kann. Jederzeit!«

Juss musste über das Töpfchen und die Herzchen lächeln. Er reichte das Töpfchen Rashaan, der verstand, was er wollte, und es für ihn auf das Nachtschränkchen stellte.

»Woher kommen Sie?«, fragte Juss.

»Aus Syrien«, sagte Rashaan.

»Wie meine Mutter«, sagte Juss.

»Ich weiß, wir haben uns kennengelernt.«

Er stand auf. »Jetzt schön weiterschlafen«, sagte er. »Viel Schlaf macht dich gesund.«

Und er ging weg und zog die Tür ganz leise hinter sich zu.

Inzwischen

Amber lag auf dem Bauch auf dem Steg und rührte mit einem Zweig im Wasser herum. Ein Blesshuhn schwamm vorbei und stieß seinen schrillen Ruf aus.

»Halt doch den Schnabel!«, sagte Amber, aber das Blesshuhn schaute sie nicht einmal an und rief einfach weiter.

Die Schule hatte längst wieder angefangen.

Amber musste allein hin und zurück fahren, ohne Juss. Sie musste zu Hause allein spielen, ohne Juss.

Sie musste mit sich selbst reden und sie musste ganz allein über alles nachdenken.

Und jetzt musste sie draußen bleiben, weil bei ihr zu Hause eine Besprechung war. Schon wieder!

Es waren Leute von der Gemeinde und der Versicherung da und jemand von der Polizei war auch dabei. Alle aus der Häuserreihe waren da, außer Opa Gurrgurr, Isabel und Amber.

Opa Gurrgurr war bei seinen Tauben, Isabel war bei Ronnie und Amber wurde nach draußen geschickt.

»Als wäre ich ein Hund«, murmelte sie. »Los, raus mit dir.«

Sie legte sich auf den Rücken, verschränkte die Hände unter dem Kopf und schaute nach oben. Es war die Art Wetter, bei dem man zwar eine Jacke brauchte, aber noch keine echte Winterjacke. Dicke weiße Wolken schoben sich langsam durch den blauen Himmel, sodass der Fluss teilweise im Schatten lag und teilweise in der Sonne.

Möwen ließen sich unter den Wolken mit dem Wind vorbeitreiben.

In Omas Garten zwitscherten Heckenbraunellen, und Mücken tanzten über dem hohen Gras am Radweg.

Ein großes Schiff fuhr vorbei, schwer beladen mit einer Ladung Kies. Es lag so tief, dass die Gänge zu beiden Seiten des offenen Laderaumes unter Wasser standen. In einem großen Laufstall hinter dem Steuerhaus saß ein Junge von vielleicht zwei Jahren auf einem Spielzeugtrecker. Er hielt sich am Gitter fest und schaute sich alles an, woran er vorbeiglitt.

Amber setzte sich auf und winkte. Der Junge schaute ernst und winkte nicht zurück.

»Dann eben nicht, du trübe Socke!« Amber sprang auf.

Sie ging über den Radweg zum Familienhaus. Opa Gurrgurr saß auf der Gartenbank, zwei seiner Hühner neben sich.

»Hallo, Opa.«

»Hallo.« Opa lächelte.

Amber hätte sich gern neben ihn gesetzt, aber da saßen seine Hühner ja schon, also blieb sie stehen.

»Als ich klein war, dachte ich, dass alles immer so bleiben würde, wie es ist, und dass jeder in seinem eigenen Haus wohnen bleiben würde«, sagte sie.

Opa Gurrgurr rieb sich das Stoppelkinn. »Das dachte ich auch, als ich klein war. Aber nichts bleibt, wie es ist.«

Amber schaute zur anderen Flussseite. Da standen schon die Betonwände der Villa mit dem Bootshaus, die dort gebaut wurde, wo früher Bauernhof *Seltenruh* gestanden hatte.

»Sie haben mich gefragt, weißt du«, sagte Opa.

Amber wandte sich zu ihm. »Was gefragt?«

»Ob ich damit einverstanden bin, aus diesem Haus auszuziehen. Damit Walter und Zaza und Juss hier wohnen können.«

»Oh«, sagte Amber.

»Ich bin damit einverstanden.« Opa nahm eines der Hühner auf den Schoß und streichelte es. »Wenn wir nur alle zusammenbleiben. Und Walter und Jordan bauen einen schönen Schuppen für mich, mit einem echten Taubenschlag auf dem Flachdach. Die Tauben dürfen nämlich nicht mehr reinkommen, sagen sie.«

Opas Gesicht verdüsterte sich. »Sie sind schlecht für meine Lunge, sagt Greet. Nur Beppie darf noch rein.«

Er dachte einen Moment nach. »Und die Hühner dürfen auch nicht mehr reinkommen«, sagte er dann traurig.

Danach seufzte er. »Wenn alles fertig ist, müssen da schon noch mehr große Sträucher wachsen und so, weil ich es nicht so schön finde, wenn fremde Menschen immer alles sehen können, all die fremden Leute.«

Sie blickten zu Oma Mus Haus. Da standen Fahrräder von Fremden und auf dem Gras ein Stückchen entfernt am Fluss parkten zwei unbekannte Autos.

»Möchtest du ein Bonbon?«, fragte Opa.

Amber nickte.

Opa setzte das Huhn wieder auf die Bank und ging ihr voran ins Haus. Beppi saß auf ihrem Platz auf dem alten Fernseher und gurrte. Der Holunderbusch vor dem Fenster war fast einen Meter gewachsen und hielt das Tageslicht fern, sodass es drinnen düster war. Der Efeu war auch weiter hineingewachsen, entlang der rissigen Wand zur Decke.

Amber schnüffelte.

Es roch nicht wie ein Haus. Es roch wie ein Hühnerstall.

Opa gab ihr zwei Sauerdropse aus einer Rolle, die in der Schublade des alten Tisches seiner Eltern lag. Danach zeigte er ihr ein Album mit Fotos von früher, als der Radweg noch ein Treidelpfad gewesen war und noch nicht alle Schiffe Motoren hatten.

Als flache Frachtkähne von Schiffern mit einer langen Holzstange vom Ufer aus geschoben wurden. Oder an Seilen von einem Pferd gezogen. Oder von Menschen mit einem Ledergeschirr um den Körper, an dem die Ziehseile befestigt waren.

Amber mochte nicht glauben, dass Menschen so etwas früher wirklich tun mussten. Sogar Menschen, die nicht genug zu essen bekamen und die dünn und hungrig waren.

Sogar manchmal abgemagerte Mütter.

Dann rief Oma Mu, dass es Essenszeit war.

»Ich gehe bei meiner Schwester essen«, sagte Opa strahlend. »Rote Bete mit einer Frikadelle!«

Er legte das Album weg und rieb sich die Hände.

Gemeinsam mit Opa lief Amber nach draußen. Opa ging in Oma Mus Haus und Amber zu sich nach Hause.

Die Besprechung war zu Ende. Der Tisch war schon gedeckt.

Alle waren weg, nur Onkel Arie saß noch drinnen.

»Amber!«, rief er. »Alles wird gut. Vielleicht nicht gleich heute, aber dann eben morgen. Wir bekommen Geld, und unser altes Familienhaus wird schöner denn je! Mit einem Anbau für eine Waschküche und eine Essküche. Und darüber ... Simsalabim! Ein wunderschönes Zimmer für Juss!«

Keinen einzigen Schritt
näher

Sie bekamen die Nachricht, dass das Häuschen komplett abgerissen werden musste, weil Einsturzgefahr drohte.

Walter und Onkel Jordan sahen sich mit blassen Gesichtern an.

»Morgen schon«, sagte Oma Mu.

»Die lassen kein Gras darüber wachsen«, sagte Onkel Arie.

»Meine Decke und mein Schal«, flüsterte Zaza. Die hatte sie mitgenommen, als sie aus ihrem Land geflüchtet war, in dem Krieg herrschte.

Den Schal trug sie, wenn sie auf ein Fest ging. Im Winter lag ihre Decke über der Rückenlehne des Sofas. Wenn ihr kalt war, kuschelte sie sich darin ein. Und manchmal drückte sie ihr Gesicht fest in den Stoff und schnüffelte tief, ganz tief.

An diesem Abend stand Amber zusammen mit Oma Mu in der Dämmerung Schmiere. Isabel, Zaza und Tante Fien saßen drinnen und schauten sich einen romantischen Film an, der noch eine Weile dauern würde.

Unter dem Schutzdach zogen sich die Brüder flüsternd ihre Sicherheitsschuhe mit den Stahlkappen an und setzten ihre Helme auf.

Auch Onkel Arie und Tante Eva waren eingeweiht. Onkel Arie stellte sich am Radweg auf der einen Seite der Häuschen auf. So konnte er gleich auch Opa Gurrgurr im Auge behalten.

Tante Eva stellte sich auf die andere Seite. Oma Mu und Amber standen neben dem rot-weißen Absperrband, bereit, Sachen entgegenzunehmen.

»Was auch immer passiert, Mu, ihr kommt nicht näher. Keinen einzigen Schritt!«, schärfte Walter ihnen ein.

Oma nickte. Amber auch.

Steinbrocken knirschten unter den Füßen der Brüder, als sie über das rot-weiße Flatterband stiegen und an dem Schild **Zutritt verboten, Einsturzgefahr** vorbeischlichen.

In dem Raum, der einmal die Küche gewesen war, gab es keine Tür mehr. Die Decke war eingestürzt. Überall lagen große Trümmerbrocken. Die Waschmaschine war auch heruntergefallen und lag zerbeult zwischen den Steinbrocken. Das Bullauge stand offen und ein Handtuch hing wie eine Zunge aus einem Mund heraus. Der Wäschekorb lag weiter hinten, kaputt und auch zerbeult. Herausgefallene Kleidungsstücke waren überall verstreut, voller Staub, Schutt und Schmutz.

Inzwischen hatte es geregnet und Opas Tauben waren in der Ruine gewesen und hatten überall Federn und Vogeldreck hinterlassen.

Es gab keine Zeit zum Fluchen oder Jammern oder um in Ruhe zu schauen, was noch zu retten war.

Walter und Onkel Jordan arbeiteten schweigend, während es allmählich dunkler wurde. Sie trauten sich nicht, Taschenlampen zu benutzen, weil regelmäßig ein Polizeiauto vorbeifuhr und Tante Eva und Onkel Arie Amber und Oma ein paar Mal Zeichen machten, dass da ein Radfahrer kam.

Walter räumte zielstrebig Trümmer weg, während Onkel Jordan mit Angstschweiß im Nacken die wackelnden Wände, knarrenden Bretter und Steinbrocken über ihren Köpfen im Auge behielt.

Der Schrank unter der Treppe war noch heil und ließ sich sogar öffnen. Die Sachen darin waren noch alle ganz, nur ziemlich staubig. Walter griff nach den Schuhen und Stiefeln und reichte sie Onkel Jordan. Danach die Jacken.

Onkel Jordan warf sie nach draußen.

Amber hob sie aus dem Gras und Oma brachte sie unter den Birnbäumen in Sicherheit. Nichts von dem, was sie noch retten konnten, war wertvoll. Aber es waren vertraute Sachen.

Das Bügelbrett, das Bügeleisen. Der Staubsauger. Zazas Regenschirm. Einkaufstaschen, in denen noch leere Flaschen waren.

Ein staubiger Bierkasten und schließlich der Kartoffeleimer.

Als der Schrank leer war, sah Walter sich verzweifelt um. Wo hatte Zaza ihren Schal und ihre Decke immer aufbewahrt? Wahrscheinlich oben, bei der Kleidung. Aber die Treppe war mit Trümmern bedeckt. Er konnte da nicht rauf.

Eine Taube landete auf der eingestürzten Mauer und gurrte. Es war dunkel geworden. Walter schaute nach oben durch das Loch, wo früher die Decke gewesen war. Er sah noch keine Sterne. Nur ein Flugzeug, ganz hoch am Himmel.

Die Taube flatterte kurz und fing an, ihre Federn zu putzen. Irgendwo da oben, bei der Taube, stand der Kleiderschrank. Da konnte er nicht hin. Das war zu gefährlich.

Walter ballte die Fäuste. Er wollte Zaza mit der Decke und ihrem Schal glücklich machen. Und was hatte er gerettet?

Das Bügelbrett und das Bügeleisen!

Am nächsten Morgen pünktlich um sieben Uhr fuhren Männer mit Maschinen bis an die Birnbäume. Rot-weißes Absperrband wurde quer über den Radweg und die Straße gespannt.

Verkehrspolizisten stellten sich auf.

Niemand sollte in Gefahr kommen.

Isabel und Amber sahen zu, wie Walter und Onkel Jordan zu dem Mann gingen, der aussah, als hätte er das Sagen.

Sie gaben sich die Hand.

Sie redeten und gestikulierten und zeigten auf das eingestürzte Haus und das Schild davor.

»Ich gehe nicht zur Schule«, sagte Amber zu Tante Fien.

»Ich auch nicht«, sagte Isabel. »Wir schauen zu, was, Amber?«

Tante Fien machte es ihnen nicht schwer. »Dann zieht euch an und esst was. Wir müssen gleich zur Arbeit«, sagte sie.

Sie legte Zaza einen Arm um die Schultern und führte sie mit sich, damit sie nicht zu sehen brauchte, wie das Haus, in dem sie gelebt hatte, dem Erdboden gleichgemacht wurde.

Vorsichtig

»Amber, sag Opa, er soll seine Tauben drinnen halten und bei seinen Hühnern bleiben«, sagte Oma Mu nervös. Amber rannte zum alten Familienhaus. Opa stand auf dem Radweg und schaute besorgt zu den Arbeitern.

»Opa!«, rief sie. »Du sollst deine Hühner und Tauben nicht rauslassen und selbst auch drinnen bleiben.«

»Aber ich muss doch aufpassen, was da passiert ...« Opa trat wieder von einem Bein aufs andere.

Amber dachte nach. »Diese Maschinen werden gleich viel Lärm machen. Und wenn du dann nicht bei den Hühnern und Tauben bist, bekommen sie Angst.«

Opa bekam einen Schrecken. »Oh ja. Das stimmt. Und das darf nicht sein, wir gehen alle rein. Wir bleiben zusammen, dann haben wir keine Angst.«

»Genau, Opa, gut so«, sagte Amber.

Opa nickte. »Ich muss die Kleinen ja beschützen, nicht wahr?«

Ein Abrissroboter und ein Sortiergreifer erledigten die Arbeit mit Walter als schwungvollem Dirigenten und Jordan, der hinter ihm stand und zusah, ob alles gut lief.

Onkel Arie und Tante Eva standen ein Stück weiter am Radweg und beobachteten das Geschehen, während Amber und Isabel vom Garten aus zusahen, zusammen mit Oma Mu.

Der Abrissroboter bohrte und vibrierte. Der Greifer griff vorsichtig Trümmerbrocken, schwenkte sie elegant herum und ließ sie auf die Ladefläche des bereitstehenden Lastwagens fallen.

»Ich sehe ihn! Ich sehe den Schrank!«, rief Walter. »Vorsichtig!«

Oma Mu hielt Amber und Isabel fest.

»Hierbleiben«, fauchte sie. »Keinen Schritt näher!«

Der Mann im Sortiergreifer sah zu Walter und hob den Daumen. Ganz ruhig lenkte er den Arm seiner Maschine durch das Loch im Dach in die obere Etage. Mit seinem Eisenkiefer umfasste der Greifer den oberen Teil des Schranks und ganz vorsichtig, wie ein Welpe, den seine Mutter hochnimmt, wurde der Schrank aus dem Haus gehoben.

Der alte Kleiderschrank schwebte über der zerstörten Wand aus dem Haus und weiter, vorbei am Fliederbaum und über die Hecke.

»Boah!«, stöhnte Amber.

»Gott sei Dank!« Oma Mu schlug ein Kreuz.

»Wow!« Isabel richtete ihr Handy darauf und machte Fotos. Der Greifer stellte den Schrank sanft auf dem Pfad zwischen der Deichstraße und dem Haus ab, fein säuberlich auf allen vier Beinen. Sie rannten hin.

Oma Mu öffnete die Schranktür. Die Regalböden waren herausgefallen und alle Sachen lagen durcheinander.

Sie suchte. Sie durchwühlte den Kleiderhaufen.

Sie fand die Tasche. Die Tasche, die Zaza bei sich gehabt hatte, als sie nach Holland gekommen war, und zog sie heraus.

Der Schal war darin. Und die Decke.

Amber rannte zurück zum Radweg.

»Onkel Walter! ONKEL WALTER!«

Sie winkte mit beiden Armen.

»Wir haben die Decke und den Schal gefunden!«

Walter fing an zu strahlen. Er nickte Amber zu und gab seinem Bruder mit einem Freudenschrei einen Klaps auf den Rücken.

Dann drehte er sich um und zeigte dem Mann im Sortiergreifer seinen erhobenen Daumen.

Der Mann schaltete den Motor des Greifers aus.

Auch der Abbruchroboter drinnen stand still.

Plötzlich waren alle normalen Geräusche wieder da. Möwen, ein Blesshuhn auf dem Wasser und ein Frachtschiff, das vorbeifuhr.

Der Fahrer des Sortiergreifers stieg aus seiner Maschine, ging zu Walter und klopfte ihm auf die Schulter.

»Du zitterst ja, Mann«, sagte er. »Würde ich auch, wenn es mein Haus wäre. Ich schaue, was ich noch aus den Trümmern bergen kann. Was wir retten können, retten wir. Kein Ding, Mann!«

Alles wurde abgerissen und dem Erdboden gleichgemacht. Auch die Poller wurden samt Beton und Fähnchen aus dem Boden gezogen.

Amber dachte an Isabels Fahrradschlüssel, der im Beton steckte. Jetzt weiß niemand in zweihundert Jahren, dass wir hier gewohnt haben, dachte sie.

Sie konnte es niemandem sagen.

Sie vermisste Juss ganz schrecklich.

Zu Hause

Endlich durfte Juss nach Haus.

Nur ... es gab kein Haus mehr.

Was davon übrig geblieben war, hatten große Maschinen zusammengestampft. Er war nicht dabei gewesen, aber Isabel hatte ihm Fotos gezeigt.

Juss machte sich Sorgen. Dort, wo früher sein Haus gestanden hatte, war jetzt Opa Gurrgurrs Schuppen. Und weil Opa nicht über Nacht dortbleiben durfte, schlief er jetzt bei Oma, da konnte Juss also auch nicht hin. Walter und Zaza schliefen bei Onkel Arie und Tante Eva im Gästezimmer. Da war also auch kein Platz mehr, so schlimm Zaza und Walter das auch fanden.

Am Abend vor seiner Entlassung setzten sich Zaza und Walter an sein Bett.

»Wir haben uns ein Krankenhausbett geliehen«, erzählte Walter.

»Vorläufig steht es am Fenster bei Onkel Jordan und Tante Fien, damit du den Fluss sehen kannst.«

Zaza sagte leise: »Da ist manchmal schon ein wenig viel los ...«

»Es geht im Moment eben nicht anders«, unterbrach Walter sie munter und entschieden. »Du wirst dich schon daran gewöhnen. Du bist dort bei Amber, und wenn wir mit dem Umbau fertig sind, bekommst du ein wunderschönes eigenes Zimmer!«

Juss lag bei Amber zu Hause vor dem Fenster in seinem Krankenhausbett.

Zaza und Tante Fien waren zur Arbeit im Supermarkt und Amber und Isabel waren in der Schule. Die Renovierung des Familienhauses war voll im Gange. Onkel Jordan und Walter waren draußen bei der Arbeit. Und es liefen auch noch andere Männer herum, die Juss nicht kannte.

»Wer sind die eigentlich alle?«, fragte er, als Walter kurz reinkam, um den Kopf unter den Wasserhahn zu halten und zu schauen, ob bei ihm alles in Ordnung war.

»Kumpel von uns«, sagte Walter stolz. »Echte Fachleute, die wissen, wie der Hase läuft.«

Er füllte Juss' Glas mit Limonade und ging wieder nach draußen.

Juss schaute wieder zu den Männern. Er sah keine Hasen.

Manchmal trug Walter Juss nach draußen und setzte ihn in eine Decke gehüllt in einen Klappstuhl.

Dann spürte Juss den Wind auf seinem Gesicht und er hörte die Möwen am Himmel und die Blesshühner auf dem Fluss.

Dann schaute er den Radfahrern zu, die vorbeifuhren.

Kinder, die lachend und rufend aus der Schule kamen, ohne Kopfweh und mit gesunden Armen und Beinen. Sie sahen ihn nicht, weil er halb hinter einem von Tante Evas Beerensträuchern versteckt saß.

Wenn niemand vorbeiradelte und keine Schiffe vorbeifuhren, sah er den Bauarbeitern zu oder Opa Gurrgurr, der immer in der Nähe des Schuppens war, wo vorher Juss' Haus gestanden hatte.

Den Schuppen hatten Walter und Onkel Jordan gezimmert, mithilfe der Kumpel.

Erstklassige Schreinerarbeit. Facharbeit.

Sie waren sehr stolz darauf.

Am Schuppen stand der alte Hühnerstall, weil der noch gut genug war. Die Hühner scharrten wie früher darin herum und jetzt, da niemand mehr dort jätete, wuchsen drumherum allmählich überall Brennnesseln.

An der Flussseite des Schuppens war ein schmales Gartenzimmer angebaut worden. Der alte Esstisch der Familie van Rijn stand dort, unter dem Fenster. Und neben dem elektrischen Ofen stand Opas alter Armsessel.

An einer Seite des Zimmers gab es noch einen kleinen Raum mit einem Waschbecken und einer Toilette.

Opa Gurrgurr durfte hier nicht wirklich wohnen, also durfte er hier auch nicht schlafen. Sie hatten nur eine Baugenehmigung für einen Schuppen bekommen, nicht mehr für ein Haus.

Er musste sich erst daran gewöhnen, aber er verstand, dass alle ihr Bestes getan hatten, um eine Lösung zu finden. Und obwohl Oma Mu furchtbar meckerte, sagte Opa zu Juss, er möge es, jeden Abend in ihrer Küche zu essen und nachts in ihrem Hinterzimmer zu schlafen. »Das heißt, solange ich nicht jeden Abend in die Wanne muss«, flüsterte er noch. »Und solange sie mich tagsüber in Ruhe lässt, damit ich bei meinen Tauben und Hühnern sein und in meinem Armsessel ein Mittagsschläfchen halten kann.«

Amber setzte sich nach der Schule fast immer als Erstes an Juss' Fußende und erzählte ihm alles Mögliche. Sie wollte auch Spiele mit ihm machen, jedenfalls, wenn er kein Kopfweh hatte.

Isabel kam auch manchmal und dann schwatzten sie ein wenig.

Zaza war oft bei Juss, auch wenn sie dann ziemlich im Weg saß, weil keiner mehr durch die Küche ins Wohnzimmer konnte. Nachts schliefen sie und Walter bei Onkel Arie und Tante Eva. Es war sehr seltsam, nicht zu dritt im selben Haus zu wohnen.

Eigentlich wohnten sie nirgends so richtig.

Manchmal kniff Juss die Augen fest zu und stellte sich

vor, sie würden noch in ihrem Häuschen wohnen. Wie die Treppe dort knarrte und wie die Geräusche klangen und wie es in seinem eigenen kleinen Zimmer war, mit dem Fenster, durch das er über die Weiden mit Bauer Marias Kühen schaute.

Er konnte noch immer nicht glauben, dass es ihr Haus nicht mehr gab, obwohl er es mit eigenen Augen sah. Manchmal merkte er, dass er weinen musste, und dann fing er an zu zittern. Wenn Oma Mu bei ihm saß, umarmte sie ihn fest und wiegte ihn hin und her, bis das Zittern wieder aufhörte. Nach so einem Angstanfall schlief er meist ein, und wenn er dann aufwachte, fühlte er sich besser. Dann wollte er jemanden bei sich haben, mit dem er reden konnte oder ein Spiel machen.

Zaza redete nicht viel. Auch nicht mit Walter. Selbst nicht mit Tante Fien, Tante Fien, die doch ihre beste Freundin war. Nur jeden Dienstag traf sie sich mit einer Frau, die besonders viel über Menschen mit schlimmen Kriegserlebnissen wusste. Und am Laptop unterhielt sie sich mit ihrer Schwester in Deutschland. Niemand konnte verstehen, was sie ihr alles erzählte, aber sie konnten hören, dass ihre Schwester versuchte, sie zu trösten.

Das versuchte Juss auch.

»Guck mal, Mama«, sagte er, als sie neben ihm saß. »Unser neues Haus ist bald fertig. Walter sagt, dass gegen Ende der Woche schon die Doppelglasfenster eingesetzt werden und dass der Schornstein repariert ist. Und die neue Küche mit meinem Zimmer darüber ist auch schon angebaut. Vielleicht können wir in zwei Wochen schon einziehen. Freust du dich denn nicht über das alles? Die neue Küche, und die Waschküche, und mein großes Zimmer?«

Es war, als würde Zaza aufschrecken.

»Ja.« Eilig holte sie ihr Lächeln zum Vorschein. »Ja, das wird alles sehr schön, Jussef.«

»Das neue Haus steht nicht in der Kurve. Und bis zur Straße sind es bestimmt sechs Meter! Und zwischen dem Haus und der Straße stehen drei Bäume. Superstarke Bäume«, fuhr Juss fort.

Seine Mutter sollte aufhören, so viel Angst zu haben!

Aber Zaza schien ihn gar nicht zu hören.

»Und wir bekommen einen großen Backofen. Walter hat gesagt, dass da ganz viel leckeres Essen gleichzeitig reinpasst.«

»Aha. Ja, ja, darüber freue ich mich wirklich sehr«, sagte Zaza traurig und danach sagte sie nichts mehr.

Der Gips an Juss' Arm und Bein durfte ab. Das war eine große Erleichterung, weil es darunter sehr juckte und er jetzt endlich kratzen konnte.

Sein Bein war dünn und weiß. Sein Arm auch, und eine große Narbe zog sich darüber.

»Das Weiße und Dünne geht ganz schnell wieder weg«, sagte die Ärztin im Krankenhaus. »Und die Narbe, damit kannst du später Eindruck machen. Wenn du dich in jemanden verliebst, kannst du erzählen, dass du ein freaky Unglück überlebt hast.«

»Was ist freaky?«, fragte Juss seine Lehrerin, als sie ihm die Hausaufgaben brachte.

»Äh ... sehr seltsam. Freaky bedeutet ›sehr seltsam‹.«

Juss fand, dass seine Ärztin das Wort gut gewählt hatte.

»Meine Ärztin hat das gesagt«, erzählte er. »Und sie hat auch gesagt, dass ich nächste Woche zur Schule darf, aber nur morgens. Nachmittags muss ich mich noch hinlegen und mich ausruhen.

Die Lehrerin lachte und klatschte mit ihm ab. »Super, Juss! Das sind wirklich gute Neuigkeiten! Aber du kommst nicht mit dem Fahrrad, oder, die weite Strecke?«

Juss runzelte die Stirn. »Das weiß ich eigentlich nicht«, sagte er. Ich glaube nicht.«

Zaza schmierte Juss' dünnen, trockenen Arm und sein Bein jeden Abend mit einer fetten Creme ein. Das machte sie beherzt, aber trotzdem sanft. Auf seine Narben strich sie eine besondere Salbe. Und danach gab sie ihm Küsschen auf alle Stellen, an denen er Schmerzen gehabt hatte. Das fühlte sich ein wenig komisch an, aber Juss ließ sie, weil er verstand, wie schlimm sie es fand, dass er verletzt worden war.

Genau wie die erste Zeit im Krankenhaus lag er jetzt auch oft nachts wach im Bett. Dann war er zu ausgeruht zum Schlafen. Er drehte sich auf die Seite, damit er zu dem dunklen, strömenden Fluss schauen und dem leisen Klatschen des Wassers ans Ufer lauschen konnte. Und dann beruhigte er sich selbst, wie er es nach dem Unglück gelernt hatte.

Eines Nachts, als der Regen rauschte, wachte er wieder auf

und wollte sich auf die Seite drehen. Aber dann hörte er jemanden atmen und sich bewegen.

Er setzte sich auf und sah Walter im Dunkeln am Tisch sitzen, den Kopf auf den Armen, als würde er schlafen.

»Walter?«

Walter hob den Kopf und schaute. »Hey, bist du wach?« Er stand auf, ganz steif vom Sitzen, und ging zu Juss.

»Kannst du nicht schlafen, oben bei Onkel Arie?«, fragte Juss.

»Ich mache mir Sorgen um Zaza«, sagte Walter leise. »Ich will nicht, dass sie merkt, dass ich wach bin. Ich ertrage es nicht mehr, wenn sie dann wieder lächelt und sagt, alles sei in Ordnung, sie würde sich prima fühlen.«

Juss hörte an seiner Stimme, dass er versuchte, tapfer zu sein.

»Ist es dann nicht besser, neben Mama zu liegen und sie gut festzuhalten?«, fragte er unsicher.

Walter stand auf. »Ja, das wird besser sein, als hier unten rumzugrübeln.«

Er gab Juss einen Kuss und ging raus.

Aber er lief nicht am Fenster vorbei zurück zum Haus von Onkel Arie und Tante Eva. Er ging zum Steg und blieb dort reglos im Regen stehen. Wie ein trauriger, nasser Löwe blickte er über den Fluss.

Juss schaute zu ihm, bis ihm die Augen zufielen.

Als er sie wieder aufschlug, dämmerte es und Walter stand nicht mehr da.

Wir kommen einfach

Juss ging wieder zur Schule. Zwar nur vormittags, aber immerhin! Tante Fien und Zaza brachten ihn auf dem Weg zu ihrer Arbeit im Supermarkt hin.

Und gegen Mittag holten Walter oder Onkel Jordan ihn wieder ab.

Amber musste mit dem Fahrrad fahren, weil sie natürlich ganz normal auch nachmittags zur Schule ging und ihr Rad für den Rückweg brauchte.

Am Morgen nach der Nacht, als Walter am Wohnzimmertisch gesessen hatte, hatte Juss einen Plan gemacht und sich was überlegt. Und diesen Plan führte er jetzt aus.

Er sagte, er fühle sich ziemlich müde und würde heute lieber nicht zur Schule gehen.

Alle glaubten ihm sofort.

Zaza und Tante Fien gingen zur Arbeit.

Onkel Jordan und Walter arbeiteten an ihrem neuen Haus

und Amber fuhr zur Schule. Jetzt war nur noch Isabel im Haus, weil sie die ersten beiden Stunden freihatte.

Unter seinem Bett fand Juss seinen Rucksack. Da war das alte Töpfchen drin, das Bauer Maria gehört hatte. Im Krankenhaus hatte er alle Zuckerherzchen aufgegessen, aber das Töpfchen war nicht leer.

Ein Zettel mit einer Telefonnummer war darin.

Er nahm ihn heraus und ging damit die Treppe hinauf.

Isabel war auf jeden Fall wach. Als er an ihre Tür klopfte, knurrte sie: »Was denn jetzt schon wieder?«

»Ich bin's.« Juss stieß die Tür auf.

Isabel saß aufrecht im Bett. »Du kannst wieder Treppen steigen«, stellte sie fest. »Dann bist du gesund genug und das blöde Krankenhausbett da unten kann weg. Ich sitze beim Essen immer total eingequetscht.«

»Ja, das kann wirklich weg«, sagte Juss überrascht. Plötzlich fühlte er sich leicht und froh und wirklich viel, viel besser, als hätte Isabel einen dunklen Vorhang aufgezogen. »Nur ... wo soll ich dann schlafen?«

»Für ein paar Nächte reicht unser Sofa«, sagte Isabel. »Ihr könnt sowieso bald in euer neues Haus ziehen.«

Juss vergaß fast, warum er nach oben gegangen war, aber als Isabel nichts mehr sagte, fiel es ihm wieder ein.

»Darf ich dein Handy kurz haben? Ich muss jemanden anrufen.«

Darum hatte er Isabel noch nie gebeten.

Sie sah neugierig aus, fragte aber nicht weiter.

Mit ihrem Fingerabdruck schaltete sie ihr Handy ein und gab es Juss. »Jetzt kannst du telefonieren.«

Juss ging mit dem Handy ins Badezimmer, faltete den Zettel auseinander und tippte die Nummer ein.

»Rashaan.«

»Hier ist Juss. Jussef.«

»Jussef! Wie geht es dir?«

»Es geht mir gut. Ich bin schon fast wieder ganz gesund ... Sie haben gesagt, dass ich anrufen darf, wenn ich was brauche ...«

»Was brauchst du? Du kannst mich alles fragen.«

»Ich nichts. Mama ... Zaza braucht etwas.«

»Deine Mutter? Was braucht deine Mutter?«

»Sie kann nicht aufhören, traurig zu sein. Ich glaube, dass sie vielleicht jemanden aus Syrien braucht, zum Reden.«

Eine Weile blieb es still.

»Wir kommen heute Abend«, sagte Rashaan dann. »Sag deinen Eltern nichts ... wir kommen einfach. Sag ihnen nichts.«

Juss wartete, bis Oma Mu hinter ihrem Küchenfenster die Zeitung ausgelesen und zwei Tassen Kaffee getrunken hatte.

»Du hast recht«, sagte Oma Mu, als er ihr erzählte, dass er das Krankenhausbett jetzt bestimmt bald nicht mehr brauchte.

»Es kann jetzt weg, dann haben alle ein wenig mehr Platz.« Sie rief die Hilfsorganisation an, die das Bett ausgeliehen hatte, und schon im Laufe des Nachmittags wurde es abgeholt.

Oma schob den Esstisch zurück vors Fenster. Juss durfte nicht helfen. Er durfte nicht mal einen Stuhl verschieben.

»Mit deinen Rippen kann man gar nicht vorsichtig genug sein«, sagte Oma Mu streng. »Auf deine Lunge müssen wir aufpassen. Nächstes Jahr, wenn es wieder Sommer ist, kannst du von mir aus wieder Sachen hochheben und rumtoben. Aber vorläufig behandeln wir dich noch eine Weile, als wärst du aus Zucker.«

Tante Fien war froh, dass das Bett weg war und der Tisch wieder an seinen alten Platz konnte.

»Heute Abend koche ich Nudeln für uns alle«, sagte sie zu Juss. »Und zum Nachtisch gibt es Eis. Deine Mutter hat nicht so viel Lust zum Kochen, die letzte Zeit. Und sie wird ganz schön mager, finde ich. Da können wir sie ruhig mal verwöhnen, was?«

Juss nickte. Sein Kopf hämmerte und seine Rippen taten weh, aber er konnte sich jetzt nicht mehr in das Krankenhausbett legen.

Er dachte an Rashaan, der gesagt hatte, dass er kommen würde.

Er wollte zu Zaza. Er wollte, dass sie stark war und fröhlich und dass es ihr gut ging.

Langsam ging er nach draußen.

Vielleicht konnte er sich ins Gras legen? Bestimmt gab es irgendwo einen Ort, an dem er sich einen Moment ausruhen konnte.

Aber da schob sich eine Wolke vor die Sonne und der Oktoberwind war frisch. Die Birnen, die nicht gepflückt worden waren, waren von selbst vom Baum gefallen und lagen im Gras und verfaulten. Ameisen krochen in die matschigen und aufgeplatzten Früchte und Fliegen summten darum herum. Walter und Onkel Jordan und die Kumpel waren auch beschäftigt. Überall standen Autos und machten Maschinenlärm und es wurde gerufen und gezimmert und gemauert. Tante Eva arbeitete in ihrem Gemüsegarten. Sie pflückte die letzten Brombeeren des Jahres.

Langsam und ein wenig wacklig auf den Beinen ging Juss zu ihr.

Sie sah auf, als sie ihn hörte. »Juss?«

Sie kam zu ihm. »Ist alles in Ordnung?«

»Darf ich kurz auf eurem Sofa liegen, Tante Eva?«

Tante Eva rief Onkel Arie. Der kam sofort und trug Juss auf ihr weiches Sofa, das hinter der Fensterbank voller Zimmerpflanzen in ihrem ruhigen Wohnzimmer stand. Tante Eva legte eine ihrer Häkeldecken in allen Farben des Regenbogens über ihn.

Juss' Augen fielen zu. Trotzdem schlief er nicht.

Er war so müde, dass es sich anfühlte, als würde er auf einer Luftmatratze auf dem Wasser treiben. Als wäre er schwerelos.

In der Ferne hörte er Onkel Arie und Tante Eva leise reden.

Er lag hier so schön warm und so geborgen.

Am liebsten würde er für immer hier liegen bleiben.

An diesem Abend aßen alle Nudeln bei Tante Fien und Onkel Jordan.

Nach dem Essen sagte Onkel Arie vorsichtig zu Tante Fien, dass das Krankenhausbett vielleicht ein wenig zu früh abgeholt worden war. Aber er konnte nachvollziehen, dass es schön war, wieder mehr Platz zu haben.

Tante Fien erledigte den Abwasch. Oma Mu trocknete ab und Amber räumte laut seufzend alles wieder in die Schränke.

»Das war nicht meine Idee, ja! Ich habe nicht darüber geklagt, dass es hier zu voll war!«, schnauzte Tante Fien.

»Isabel hat das gesagt«, sagte Amber.

»Und Juss selbst. Und ich habe das Bett abholen lassen«, sagte Oma Mu. »Wenn das zu früh war, tut mir das leid. Juss wirkte schon wieder stark genug.«

Tante Eva flüsterte Juss zu: »Du kannst dich jederzeit bei uns aufs Sofa legen, wenn du möchtest. Und wenn wir nicht da sind, liegt der Schlüssel unter der Fußmatte. Aber das weißt du, oder?«

Juss nickte, das wusste er.

Wo war Zaza?

Juss huschte ins Freie.

Er hörte kein Gehämmer. Der Betonmischer drehte sich nicht.

Onkel Jordan war nirgends zu sehen. Nur Walter stand im Hemd ganz oben auf einem der Baugerüste. Er stand ganz still, mit einer Mörtelkelle in der Hand und hängenden Armen, und schaute zu Zaza. Das orangefarbene Licht der Abendsonne schien auf seine wehenden weißen Haare und den weißen Pelz auf seinen Armen und seiner Brust.

Zaza stand auf dem Steg. Das Ruderboot schaukelte auf dem Wasser. Ihr Rock flatterte um ihre Beine. Sie schaute zum anderen Ufer, oder aufs Wasser. Oder vielleicht schaute sie nirgends hin und sah nichts.

Dann ertönte das Geräusch einer Autotür, die zugeschlagen wurde, gefolgt von Geflatter und Gegacker.

Ein Mädchen kam zwischen Opa Gurrgurrs Hühnern auf den Radweg gehopst. Ein etwa dreijähriges Mädchen.

Rashaan und eine Frau folgten ihr.

Walter machte eine erstaunte Geste, legte die Mörtelkelle hin und kletterte nach unten.

Juss zeigte auf Zaza.

Rashaan sagte etwas zu seiner Frau. Er nahm das Mädchen an die Hand und ging mit ihr zu Juss.

Seine Frau ging in die andere Richtung. Zu Zaza.

Zaza hörte und sah nichts.

Erst als Rashaans Frau ihr sanft die Hand auf die Schulter legte und sie in der Sprache des Landes begrüßte, aus dem sie beide kamen, schreckte sie auf, als würde sie aus einem Albtraum erwachen.

Sachen

Das Haus war fertig. Fast alles war neu.

Juss' Bett war neu. Der Tisch und der Sessel in seinem Zimmer waren neu. Seine Bettdecke war neu. Der Riesen-Dino, den er von der LKW-Firma bekommen hatte, und das Tablet von der Gemeinde waren neu.

Nur das Töpfchen, das Bauer Maria ihm geschenkt hatte, war alt. Walter hatte wieder ein Regal für Juss aufgehängt und Juss hatte das Töpfchen daraufgestellt, neben die Karte, die er im Krankenhaus bekommen hatte. Die Karte von Herrn und Frau Bakker mit dem Foto vom Bauernhof *Seltenruh*.

Sein neuer Schrank war voll Spielzeug: Puzzles, Spielen und Büchern. Alles von der Familie van Rijn, weil ihre eigenen Kinder zu groß dafür geworden waren.

Tante Joke war mit dem Hut herumgegangen.

Alle hatten großzügig Geld für einen Neuanfang gespendet. Sie hatten so viel gespendet, dass Zaza und Tante Fien in der Stadt einkaufen gingen, und Rashaans Frau, die Clarita hieß, kam mit.

Sie kauften Neuer-Anfang-Sachen, von denen man fröhlich wurde, für das sichere Haus und für die noch fast leere neue Küche.

Juss' großes Zimmer roch nach Holz, nach Farbe und neuen Vorhängen. Amber stellte sich neben ihn ans Fenster.

Sie blickten in den Garten, auf die drei starken Bäume, deren Blätter sich inzwischen gelb gefärbt hatten, sich lösten und auf das Gras unter ihnen trudelten.

Zwei von Opas Tauben saßen Seite an Seite auf einem Zweig und gurrten leise.

Amber drehte sich um. »Boooah.«

Sie seufzte, weil alles so schön war und weil sie eigentlich auch alles so haben wollte. Aber, nun ja, ihr Haus war nicht eingestürzt und sie hatte nicht im Krankenhaus gelegen.

Sie schaute zu dem Regenbogen-Einhorn auf Juss' Bett. Von jemandem bekommen. Er wusste nicht einmal, von wem. Und er hatte sich auch nicht darüber gefreut.

Aber Amber gefiel es sehr gut.

»Eigentlich passt dieses Einhorn eher zu jemandem, der Märchen mag. Jemand wie ich«, sagte sie. »Oder?«

Juss sah zu dem glitzernden Einhorn.

»Möchtest du es haben?«

Er nahm es vom Bett und drückte es Amber in die Arme.

»Oh, ähm, ja ... Aber natürlich nur, wenn du es nicht möchtest.«

Amber grinste zufrieden. »Und dieses Tablet, das du von der Gemeinde bekommen hast ... das passt eigentlich auch eher zu mir«, sagte sie, als würde sie es ernst meinen.

Juss lachte sie aus. »Netter Versuch, Amber.«

Sie setzten sich zusammen auf sein neues Bett und spielten ein Spiel auf seinem Tablet. Das konnte Juss jetzt, ohne Kopfschmerzen zu bekommen, jedenfalls, wenn es nicht zu lange dauerte.

Tante Fiens kleines Auto hielt vor Opa Gurrgurrs Schuppen im nassen Gras. Zaza, Tante Fien und Clarita hoben eine volle Tasche nach der anderen heraus, redeten und lachten.

Sie schleppten sie an Opa vorbei, der auf der Bank unter der Dachrinne seines Schuppens saß, die Taube Beppie auf der Schulter.

»Hallo, lieber Opa!«, rief Zaza lachend.

»Hallo, lieber Opa!«, neckte Tante Fien sie.

»Hallo, lieber Opa«, sagte Clarita, die dachte, so gehöre es sich.

Opa Gurrgurr freute sich. »Was habt ihr alles gekauft?«

»Lauter schöne Sachen!«, rief Zaza. »Komm heute Nachmittag nur vorbei und sieh sie dir an!«

Juss und Amber liefen die Treppe hinunter und schauten vom Flur aus in die Küche. Die drei Frauen hatten schon mit dem Auspacken angefangen, die Jacken noch an.

»Diese orangefarbenen Dosen sehen hier auf dem Regal wirklich schön aus!«, rief Tante Fien. »Und die Kaffeemaschine stellen wir dort in die Ecke, da ist auch eine Steckdose.«

»Und die neuen Kaffeebecher dahin«, sagte Clarita und zeigte auf den Schrank mit den Glastüren.

Zaza schaute von den vollen Taschen zu den noch leeren Küchenschränken und ihre Augen strahlten. »Wir richten alles ein und dann mache ich Kaffee mit der neuen Kaffeemaschine«, sagte sie. Sie schaute sich um und entdeckte Amber und Juss.

»Sagt ihr nur allen Bescheid. Sagt nur ...« Sie schaute auf ihre Armbanduhr. »... Kaffeetrinken um vier Uhr. Oder Tee.«

»Oder Cola!«, sagte Amber.

»Cola für die Kinder.« Zaza zwinkerte Juss zu.

»Sind Bauer Maria und Sofia auch eingeladen?«, fragte Juss.

»Ja, natürlich«, sagten Tante Fien und Zaza gleichzeitig.

Clarita teilte Apfelkuchen aus. Sofia sagte, sie wolle gern Sahne drauf, danke schön. Und zu Zaza, es sei ein Wunder, dass ein Haus, das früher so dunkel und verwinkelt gewesen war, jetzt so hell und fröhlich aussah.

Juss grinste Amber zu, trank sein Glas Cola in einem langen Zug aus, sperrte den Mund weit auf und ließ einen lautstarken Rülpser heraus.

Missbilligend zog Oma Mu die Augenbrauen hoch. »Ein wenig Erziehung hat noch niemandem geschadet«, sagte sie spitz zu Zaza und Tante Fien, die lachen mussten.

Opa Gurrgurr saß in einem der neuen Sessel am Fenster und schaute zufrieden zu dem Hochbeet draußen, in dem Tante Eva Gemüsesetzlinge gepflanzt hatte. Die Sonne schien durchs Fenster auf seinen fast kahlen Kopf mit den Taubenflaum-Haaren.

»Erst stand da mein Hühnerstall«, sagte er zu Bauer

Maria. »Aber jetzt habe ich einen echten Taubenschlag. Hast du gesehen?«

»Der Taubenschlag, der ist meisterhaft gebaut«, sagte Bauer Maria bewundernd.

Juss hörte es. Er schaute zu Walter und Onkel Jordan und sah, wie die Brüder sich anlächelten.

»Mach du mal ein paar schöne Fotos«, sagte Tante Eva zu Isabel.

»Halt, einen Moment noch!«, rief Onkel Arie. »Da kommt Rashaan über den Radweg, mit der Kleinen. Wenn wir alle ein wenig zusammenrücken, können sie auch noch mit aufs Foto.«

Lebe wohl

Juss schlief in seinem neuen Zimmer in seinem eigenen Bett. Sein Fenster stand auf Kipp und der Wind blies den Geruch von Regen und Herbst herein.

Er schaute auf sein Tablet. Es war Viertel vor sieben.

Meist rief Zaza ihn um sieben Uhr. Heute rief Walter ihn. »Aufstehen, du Faulpelz! Waschen! Ab zur Schule!«

Walter und Onkel Jordan würden mit einem ratternden Anhänger voller Werkzeug zu einem Auftrag fahren. Danach würde Isabel schnell auf ihr Rad springen, weil sie am frühsten in der Schule sein musste. Dann würde Amber am Radweg mit ihrem Fahrrad dastehen. Oder er würde dort auf sie warten, weil sie ihre Sportsachen oder so was noch suchen musste. Denn inzwischen konnte er wieder Rad fahren.

Tante Fien und Zaza würden ihnen nachwinken und gemeinsam in Tante Fiens Auto steigen, um zur Arbeit zu fahren. Oma Mu würde Kaffee machen und die Zeitung auseinanderfalten, und Opa Gurrgurr würde sich an ihr vorbeischleichen, nach draußen, zu seinem Schuppen.

Aber bevor das alles geschehen konnte, passierte etwas Ungewöhnliches. Noch bevor jemand aus der Häuserreihe auch nur einen Vorhang zur Seite geschoben hatte.

Ein schwerer Lastwagen näherte sich. Und das passierte fast nie mehr, weil die Máxima-Brücke fertig war und nur noch Anliegerverkehr über die Deichstraße fuhr.

An Juss' Haus bremste der Lastwagen.

Danach fuhr er langsam weiter, aber das Motorengeräusch erstarb nicht in der Ferne. Es blieb ganz in der Nähe.

Ein weiterer schwerer Lastwagen fuhr vorbei.

Und noch einer.

Rufe und Hufgeklapper ertönten, Bauer Marias Kühe fingen unruhig und jämmerlich an zu muhen.

Juss sprang aus dem Bett und zog den Vorhang zur Seite.

Die Fensterscheibe war nass. Die Bäume trieften. Im Gras hatten sich Pfützen gebildet und der Wind schlug ihm ins Gesicht, als er das Fenster weit aufsperrte.

Auf Bauer Marias Hof standen drei riesige Viehwagen mit offenen Ladeklappen. Bauer Maria und Sofia trieben ihre Kühe über Laufplanken in den Laderaum. Ein paar Leute, die Juss nicht kannte, halfen dabei.

Die Kühe wollten nicht in die Viehwagen, aber sie gingen doch, weil sie daran gewöhnt waren, zu gehorchen.

Sie muhten und klagten und ein Tier versuchte mit panisch verdrehten Augen zu entkommen.

»Hey hopp!« Bauer Maria trieb es mit einem langen Stock zurück.

»Nein, nein! Hierher. Nun komm schon. Alles wird gut. Hierher.«

»Alles wird gut, meine Damen!«, rief Sofia. »Hopp, hopp! Hierher!«

Juss rannte aus seinem Zimmer. »Die Kühe ziehen um!«, schrie er.

Walter und Zaza waren von dem Lärm auch aufgewacht. Sie standen oben an der Treppe und schauten dort durch das Fenster.

»Ach, die armen Tiere«, sagte Zaza. »Die wollen überhaupt nicht in diese Viehwagen.«

»Es bleibt ihnen aber nichts anderes übrig. Sie müssen zu dem neuen Bauernhof«, sagte Walter.

Eine Weile blieben sie stehen. Es fing stärker an zu regnen. Vor lauter Angst ließen die Kühe dünne Kuhfladen fallen und der Regen bildete braunen Matsch auf den Laufbrettern.

Eine Kuh rutschte aus, fiel hin und muhte.

Sofort ging Bauer Maria zu ihr. »Hoppla, hopp!« Er gab ihr einen leichten Schubs mit dem Stock. »Komm, mein Mädchen. Steh auf. Alles wird gut. Hoppla, hoppla.«

Juss mochte es gar nicht mit ansehen. Zaza auch nicht. Sie schüttelte sich in ihrem dünnen Nachthemd. »Komm, Juss«, sagte sie. »Wir machen uns fertig. Zieh dir ein Unterhemd an und etwas Langärmliges. Und gleich auf dem Rad musst du deine Regenjacke überziehen.«

Als Juss und Amber nachmittags aus der Schule durch den Regen nach Hause fuhren, kam ihnen von Bauer Marias Hof ein Möbelwagen über den Deich entgegen.

Der Wagen hielt an. Bauer Maria sprang heraus und watete durch das lange, nasse Gras zum Radweg.

Amber trat voll in die Bremsen, sodass Juss fast auf sie gefahren wäre. Er konnte sich so gerade eben noch halten.

»Sofia ist schon zu unserem neuen Hof, in einem anderen Umzugswagen, und wir haben uns schon von eurer Familie verabschiedet«, sagte Bauer Maria. »Aber schön, dass ich euch jetzt hier noch sehe, dann kann ich euch auch Tschüss sagen.«

Er gab Juss die Hand. »Ich bin froh, dass du wieder auf dem Damm bist, mein Junge.«

Danach reichte er Amber die Hand. »Keine toten Hunde mehr ausgraben, ja?«

Juss wusste nicht so recht, was er antworten sollte.

Amber auch nicht.

Bauer Maria drehte sich um, ging mit großen Schritten zurück und kletterte wieder in den Umzugswagen.

Allmählich fand Juss seine Stimme wieder. »Tschü-üss!«, schrie er.

Das Fenster des Umzugswagens war heruntergekurbelt. Bauer Maria streckte den Arm raus und winkte.

»Lebe wohl!«, rief Amber.

Sie radelten weiter.

»Lebe wohl?« Juss runzelte nachdenklich die Stirn. »So wie: Lebe weiter? Aber er stirbt doch jetzt nicht in seinem neuen Bauernhof?«

»Das kann man auch sagen, wenn jemand Abschied nimmt«, erklärte Amber. »Es hat nichts mit sterben oder so zu tun. Es bedeutet nur: ›Es möge dir gut gehen‹.«

»Echt wahr?« Juss warf ihr einen Seitenblick zu.

»Ich habe es in einem Buch gelesen, als du im Krankenhaus lagst.«

»Hm.« Juss schaute über den Fluss. Da kam ein großes Schiff vorbei, das mit Sand schwer beladen war und tief im Wasser lag.

Er hob die Hand. Der Schiffer in der Steuerkabine sah ihn, lachte und winkte zurück.

»Lebe wohl!«, schrie Juss.

Samstag

Durch Juss' Fenster ertönte kein Muhen mehr. Und nie mehr das Rattern des Treckers von Bauer Maria, weit weg hinten auf der Weide.

Opa Gurrgurrs gackernde Hühner und seine gurrenden Tauben, die hörte er noch immer. Und ab und zu ein vorbeifahrendes Motorrad oder Auto.

Keine Lastwagen mehr.

Die Máxima-Brücke war jetzt voll in Betrieb, aber die Königin war nicht gekommen, um sie festlich mit Champagner zu eröffnen.

Zaza war schon wach. Juss hörte sie an der neuen Waschmaschine herumstellen und der Duft frischer, nasser Wäsche zog unter seiner Tür hindurch.

Er hörte Walter aus dem Schlafzimmer kommen.

»Sag mal Tschüsschen«, brummte er mit heiserer Morgenstimme.

»Küsschen«, sagte Zaza und kicherte.

Juss hörte sie tuscheln und wusste, dass sie sich jetzt küssten, bevor Walter die Treppe hinunterging.

Draußen öffnete sich eine Tür. Einen Moment später ertönte das dumpfe Schlagen von Oma Mus Teppichklopfer. Eine weitere Tür wurde geöffnet. Onkel Arie fragte Opa Gurrgurr: »Hast du noch Eier gefunden?«

Es war Samstag. Es klang wie Samstag.

Juss setzte sich auf. Er hatte einen Plan. Es war ein schöner Tag für Königin Amber, um die Máxima-Brücke festlich zu eröffnen.

Juss stand mit Amber unter dem Schutzdach zwischen Oma Mus Wäsche.

Zufällig hatte Amber heute ein Kleid an, das traf sich gut.

»Du musst dir schon noch die Haare kämmen«, sagte Juss streng.

Amber schnaubte. »Ich gehe jetzt nicht wieder rein. Mama hat total schlechte Laune, weil der Staubsauger kaputt ist. Wenn sie mich sieht, sagt sie wieder, dass ich aufräumen soll.«

Sie fischte ein Gummiband aus der Tasche von ihrem Kleid. »Ich mache mir einen Pferdeschwanz. Königin Máxima hat auch ab und zu einen Pferdeschwanz.« Und in einem Atemzug fragte sie: »Habt ihr denn Champagner im Haus?«

»Champagner?«

»Ja hallo! Wenn man etwas tauft, natürlich keinen Menschen, dann muss man Champagner dagegenwerfen.«

Juss zuckte die Achseln. »So was haben wir aber nicht.«

»Habt ihr was anderes?«

»Zum Beispiel?«

»Wein?«

Juss schüttelte den Kopf.

Onkel Jordan kam raus und schrie: »Amber! Wo bist du? Komm und hilf deiner Mutter!«

Sie versteckten sich schnell hinter der Wäsche. Onkel Jordan ging vorbei, schaute hier und dort und ging dann wieder zurück ins Haus.

»Wir haben Bier«, sagte Juss.

»Wo steht das?«

»Im Kühlschrank …« Juss dachte nach. »Und im Holzschrank steht auch immer ein Kasten!«

Sie schlichen sich hinter Tante Evas Gemüsegarten vorbei.

Der Holzschrank war ganz früher eine Toilette gewesen, als alle elf Kinder der Familie van Rijn noch im Haus lebten. Das wussten sie von Oma Mu.

Die Toilette war eine Kiste ohne Boden mit einem Holzdeckel und aus diesem Deckel war ein rundes Loch herausgesägt worden. Da musste man sich damals drüberhocken. In den Boden unter der Toilette war eine tiefe Kuhle gegraben, in die dann alles fiel.

Als Oma Mu ungefähr sieben Jahre alt war, mauerte ihr Vater einen Anbau ans Haus und es gab eine Dusche und eine Toilette mit Wasserspülung. Die alte Holztoilette wurde abgerissen und die Kuhle zugeschüttet. Das Toilettenhäuschen wurde ein ganz normaler Schuppen voller Holzblöcke für den Feuerkorb und ganz unten stand der Reservekasten Bier.

Amber zog die quietschende Tür auf und streckte die Hand aus, um eine Flasche zu nehmen, aber Juss griff nach ihrem Arm. »Eine Kreuzspinne. Dort. Eine total dicke!«

Angeekelt zog sie die Hand zurück.

Sie schauten sich um. Noch immer waren alle mit ihren eigenen Angelegenheiten beschäftigt. Juss rannte über das Gras, schnappte sich unter den Bäumen einen Ast und ging zurück. Er ließ ihn über den Bierkasten rattern.

»Ich habe sie verjagt«, flüsterte er. »Nimm jetzt schnell eine Flasche.«

Onkel Jordan saß am Picknicktisch und versuchte, den Staubsauger zu reparieren. Tante Fien spähte immer wieder mit mürrischem Gesicht durch das Küchenfenster.

Also konnte Amber ihr Fahrrad nicht holen.

»Was sollst du eigentlich aufräumen?«, wollte Juss wissen.

Sie hockten hinter Tante Evas Johannisbeersträuchern.

»Also zuerst einmal mein Zimmer«, antwortete Amber.

Isabels Fahrrad lehnte an einem Birnbaum.

»Es ist nicht abgeschlossen«, flüsterte Amber. »Holst du dein Fahrrad? Wenn ich vorbeikomme, musst du bereit sein!«

»Was machst du?«, fragte Walter, als Juss sein Fahrrad aus dem Schuppen holte.

Er kniete im Gras und strich die neue selbst gebaute Gartenbank sonnenblumengelb, in Zazas Lieblingsfarbe. An seinen Fingern und auf seinen Stoppelwangen klebte Farbe.

»Nichts Bestimmtes«, antwortete Juss. »Nur ein wenig rumfahren.«

»Nirgendwohin?«, fragte Walter ein wenig erstaunt.

»Nein. Nur so. Weil ich ja wieder Rad fahren kann.«

»Kommt Amber nicht mit?«

»Äh ... doch. Sie holt gerade ihr Fahrrad.«

»Und nicht bis nach Woude fahren, was?«

Juss musste lachen. »Wir sehen uns die Máxima-Brücke an.«

Walter legte seinen Pinsel über die Farbdose und richtete sich auf. »Wenn du nur keine verrückten oder gefährlichen Sachen machst.«

»Natürlich nicht!«

Amber kam über den Radweg auf Isabels Fahrrad angesaust. Sie musste sich auf die Pedale stellen, weil der Sattel viel zu hoch für sie war. Vorne in der Kunststoffkiste polterte eine Bierflasche hin und her. »Juss! Fahr los!«, schrie sie.

»Tschüss. Bis später!«, sagte Juss eilig zu Walter.

Er sprang auf sein Fahrrad und brauste hinter Amber her. Oma Mu kam raus und schaute ihnen nach.

»Wo fahren die hin?«, rief sie Walter zu.

»Sie sehen sich die Máxima-Brücke an!«

Isabel kam über den Radweg angerannt, sie schrie ihnen nach: »Amber, kommt zurück! Amber! Gib mir mein Fahrrad wieder!«

»Sie fahren zur Máxima-Brücke«, sagte Oma Mu.

Isabel drehte sich um. »Wenn ich dieses Miststück erwische!«, schrie sie und rannte zurück nach Hause. Einen Moment später fuhr sie schimpfend auf Ambers Kinderfahrrad vorbei, das mit Plastikblumen dekoriert und viel zu niedrig für sie war.

Nach Hause

Sie ließen die Räder unten stehen und gingen die Máxima-Brücke hinauf. Es gab keinen Gehweg, also liefen sie über den doppelten Fahrradweg neben der breiten Straße, bis sie oben mitten über dem Wasser standen.

Amber dachte darüber nach, was sie sagen wollte.

Juss hielt die Bierflasche fest.

Eine Frau in einem Auto fuhr vorbei und starrte sie neugierig an. Ein Junge in einem Motorboot fuhr unter der Brücke hindurch, ohne raufzuschauen.

Zwei Möwen hockten auf dem Brückengeländer. Ansonsten war weit und breit kein Lebewesen zu sehen.

Sie hörten nicht, wie Isabel die Brücke hinaufrannte, weil der Wind in ihre Ohren blies. Erst als sie ganz nah war, sahen sie sie.

»Du Mistkäfer!« Isabel gab Amber einen Schubs.

Amber fiel nach hinten. Ihr Kopf schlug gegen das Brückengeländer.

»Wo ist mein Fahrrad?«, schrie Isabel.

Ein Lastwagen fuhr vorbei. Der Fahrer schaute.

Juss bückte sich, um Amber aufzuhelfen. »Unter der Brücke. Im Gras«, beeilte er sich zu sagen, weil Isabel aussah, als würde sie Amber gern noch ein paar Mal treten.

Aber sie stampfte nur mit dem Fuß auf. »Du sollst gefälligst die Finger von meinen Sachen lassen! Das weißt du ganz genau!«, herrschte sie ihre Schwester an.

Amber rieb sich den Kopf. Sie hatte Tränen in den Augen. Das Gummiband glitt aus ihren Haaren und wehte ins Wasser.

Isabel holte tief Luft. »Du blöde Nuss«, sagte sie noch, aber sie schaute besorgt und streckte die Hand nach Ambers Kopf aus.

»Hast du eine Beule?«

»Es tut weh.«

Juss und Isabel tasteten vorsichtig in ihren wehenden Haaren.

»Ja, da ist eine Beule«, sagten sie gleichzeitig.

»Was macht ihr hier eigentlich?«, fragte Isabel.

»Wir taufen die Brücke«, erklärte Juss. »Königin Máxima ist nicht gekommen, also darf Amber das jetzt machen.«

»Habt ihr denn Champagner dabei?«

»Nein, aber wir haben Bier.«

»Pfff!« Isabel schüttelte den Kopf.

»Ich muss weg, Ronnie hat Geburtstag«, sagte sie dann. Und zu Amber: »Dein Fahrrad liegt am Ufer.«

Sie rannte zurück nach unten.

Wieder fuhr ein Lastwagen vorbei.

Die Brücke bebte. Die Möwen lösten sich vom Geländer und segelten mit dem Wind weg.

Amber wischte sich die Tränen aus den Augen und holte tief Luft.

Juss gab ihr die Bierflasche.

»Wogegen soll ich sie werfen?«

Juss zeigte auf den Eisenpfeiler. »Wirf sie nur dagegen! Und feste, ja, Bierflaschen sind ziemlich stabil.«

Amber stellte sich kerzengerade hin, die Füße zusammen, und machte ein königliches Gesicht.

»Ich taufe Sie …«, fing sie an. »Wie soll ich weitermachen? Im Namen des Vaters, des Sohnes und des Heiligen Geistes?«

»Keine Ahnung.« Juss zuckte die Achseln.

Amber hielt die Bierflasche in die Höhe.

»Ich, Königin Amber, taufe Sie, Brücke!«

Sie warf die Flasche gegen den Eisenpfeiler, so fest sie nur konnte.

DOING!

Die Flasche zerschellte. Das Bier spritzte zu allen Seiten.

Vor Schreck duckten sie sich, so laut war das.

Wieder fuhr ein Auto vorbei, mit einem misstrauisch schauenden Mann am Steuer. Sie warteten, bis er vorbei war, bevor sie sich wieder aufrichteten und sich umschauten.

»Jetzt musst du etwas sagen«, sagte Amber. »Weil du doch der Bürgermeister bist.«

Juss dachte an das Interview mit Oma Mu im Fernsehen.

Er stellte sich auch ganz gerade hin. Wie ein Bürgermeister.

»Sehr verehrte Brücke. Du bist ein Segen für den einen und ein Fluch für den anderen«, sagte er. »Mögest du genauso alt werden wie unsere Brücke im Dorf.«

Amber klatschte in die Hände. »Gut gesprochen, Bürgermeister!«

Ein Polizeiwagen fuhr auf die Brücke.

Ein Polizist stieg aus und ging auf Juss und Amber zu. Es war derselbe Polizist wie damals im Dorf, als Isabel dort mit ihren Freunden an der Brücke geschwommen hatte.

»Ihr beiden wieder!«, sagte er.

Dieses Mal zwinkerte er ihnen nicht zu.

»Ich habe schon da unten gehört, dass ihr etwas gegen die Brücke geworfen habt! Was macht ihr hier oben? Und was war das?«, fragte er streng.

»Nichts.« Ambers Mundwinkel zitterten. Juss sah, dass sie fast anfing zu weinen. Vor Schreck.

»Wo wohnt ihr?«

»In Woude«, sagte er schnell.

»In Woude, aha. Das ist ja ganz schön weit von hier. Aber ich gehe mal davon aus, dass ihr die Wahrheit sagt. Wo in Woude?«

Juss griff nach Ambers Hand und kniff sie.

»An der Kirche. Unsere Väter haben dort einen Eissalon«, sagte er.

Sie rannten, so schnell sie nur konnten.

Der Polizist blieb auf der Brücke stehen. Er stieg nicht in sein Auto und verfolgte sie nicht.

Isabel hatte Ambers Fahrrad ein Stück weiter am Wasser hingeworfen. Zum Glück fanden sie es schnell.

»Dieser Polizist steht da immer noch. Wir müssen warten, bis er weg ist, sonst sieht er, dass wir in die andere Richtung fahren«, flüsterte Juss.

Er spähte hinauf zur Brücke.

Endlich stieg der Polizist ein und der Streifenwagen fuhr weg.

Amber jubelte. »Unsere Väter haben einen Eissalon. Haha! Ich würde schon gern jeden Tag umsonst Eis mit Sahne essen!«

»Wer zuerst zu Hause ist!«

Juss sprang auf sein Fahrrad und strampelte los.

»Das ist nicht fair!«, schrie Amber. »Du hast einen Vorsprung und ich habe eine Beule! Juss! Nun warte doch! Sonst spiel ich nie wieder mit dir!«

Juss lachte. Er stellte sich auf die Pedale. Er spürte seine Haare im Wind, wie eine Löwenmähne.

»Ich bin ein Löwe!«, schrie er.

Schneller und schneller fuhr Juss.

Ihm tat nichts mehr weh.

Er war wieder ganz gesund.

»Warte auf mich! Du BLÖDMANN!«, schrie Amber.

Aber Juss hatte keine Lust, zu warten.

Er wollte nach Hause.

Zu seinem neuen Haus.

Zu Walter. Und zu Zaza.

Selma Noort, geboren 1960 in Leiden, begann schon während ihrer Ausbildung zur Erzieherin mit dem Schreiben und veröffentlichte mit neunzehn Jahren ihr erstes Buch. Seit 1990 schreibt sie hauptberuflich Kinder- und Jugendbücher, die mit zahlreichen Preisen ausgezeichnet und in viele Sprachen übersetzt wurden.

Andrea Kluitmann, Jahrgang 1966, lebt und arbeitet in Amsterdam. Seit 1992 übersetzt sie Literatur, Graphic Novels, Drehbücher und Sachtexte aus dem Niederländischen. Sie gibt auch Workshops und hält Vorträge. 2007 erhielt sie zusammen mit Do van Ranst den *Deutschen Jugendliteraturpreis* und 2023 mit Anna Woltz den *Gustav-Heinemann-Friedenspreis*.

Felicitas Horstschäfer gestaltete mit einer viel zu großen Küchenschere und einem 600-Seiten-Notizblock „zum Eigenbedarf" ein komplettes Puppenhaus inklusive Klovorleger und Blumenstrauß. Dem folgten viele Freistilprojekte, bis sie schließlich durch das Design-Studium an der FH Münster zum Zeichen- und Schnippelprofi wurde. Seit 2009 arbeitet sie als freischaffende Designerin im Bereich Cover, Illustration und Buchkonzept.

Die Übersetzerin dankt dem Deutschen Übersetzerfonds (DÜF)
sehr herzlich für das gewährte Arbeitsstipendium.

N ederlands
letterenfonds
dutch foundation
for literature

Die Übersetzung dieses Buches wurde
von der niederländischen Stiftung für Literatur gefördert.

Weitere spannende Geschichten
findest du auf unserer Homepage:
www.gerstenberg-verlag.de

1. Auflage 2024
Die Originalausgabe erschien unter dem Titel *Het kleine huis bij de rivier*
bei Uitgeverij Leopold, Amsterdam.
Copyright Text © Selma Noort, Uitgeverij Leopold, Amsterdam, 2021
Deutsche Ausgabe Copyright © 2024 Gerstenberg Verlag, Hildesheim
Alle deutschsprachigen Rechte vorbehalten
Aus dem Niederländischen von Andrea Kluitman
Umschlag- und Innenillustrationen von Felicitas Horstschäfer
Druck und Bindung: GGP Media GmbH, Pößneck
Printed in Germany
ISBN 978-3-8369-6241-4